LA CHINE EN SOLO

Nicole Janvier et Guy Lassonde

VOTRE GUIDE

ACCOMPAGNATEUR VIRTUEL

Vos coordonnées

....

....

....

....

NO DE PASSEPORT ....

DATE D'EXPIRATION ....

NO DU VISA ....

DATE D'EXPIRATION ....

GROUPE SANGUIN...

ALLERGIES

....

....

....

....

....

NOM GÉNÉRIQUE DE MES MÉDICAMENTS

....

....

....

....

....

....

....

....

....

PERSONNE À CONTACTER EN CAS D'URGENCE

....

....

....

... avec le paysan qui a découvert l'Armée des soldats de terre cuite

Vous avez probablement, comme les auteurs Nicole Janvier et Guy Lassonde, les bons ingrédients pour voyager : santé, ouverture d'esprit, curiosité, capacité d'adaptation, passion des découvertes. Forts d'une vaste expérience de séjours et de déplacements à l'étranger, ils privilégient les voyages en solo favorisant le CONTACT avec les populations locales et leur mode de vie.

Avec ce guide accompagnateur virtuel, Nicole et Guy vous proposent

● des parcours planifiés : véritable GPS papier, ce guide accompagnateur virtuel vous pilotera continuellement sans être obligé de le suivre... Vive la liberté !

元 un budget cible pour chaque activité et c'est moins cher que de rester chez soi...

⌐ un traducteur visuel : un langage composé de noms de lieux en caractères chinois, d'images, de pictogrammes et de signes faisant de ce guide votre interprète accompagnateur...

∇ une logistique visant la sécurité, la salubrité et un confort tout à fait acceptable...

contactvoyage un voyage en solo où vous utiliserez les mêmes transports que la population chinoise et fréquenterez les hôtels et les restaurants populaires des centres-villes, tout comme ceux des campagnes. Bref, vous serez en CONTACT avec la Chine et avec les Chinois.

VOTRE GUIDE ACCOMPAGNATEUR VIRTUEL

En ouvrant ce guide accompagnateur virtuel et ses deux rabats de couverture, tout est là pour réaliser l'itinéraire de votre journée...

厕所	(WC)
VISA ATM	银行
@	电子邮件
☎ 🌐	国际电话
🛒	食物
🍴	餐馆
🧺	洗衣店
➕	药店
👨‍⚕️	医生 警察

Beijing centre 北京中心

0 _____ 500m

N

- Colline de Charbon
景山公園 5

Xisi Nandajie

Fuyou Jie

Wangfujing Dajie

Dengshikou Xijie

Cité interdite

紫禁城 4

王府井大街 7

Jianguomeenni Dajie

Place Tiananmen
天安门广场 3 Qianmen

Quianmen Xidajie

Gare ferroviaire de Beijing vers Hangzhou et Tue

Xianyukou

Leo Hostel 2

大栅栏街西街52前门

1 Vers gare ferroviaire pour Xi'an
5 km

Qianmen Dajie

Tiantan Lu

Temple du Ciel
天堂公園 6

120

Yongdingmen Dongjie

LOGISTIQUE

▶ Coordonnées de l'hôtel-point de chute : Leo Hostel, 52 Da Zha Lan Xi Jie Qianmen, Xuanwu Qu, Beijing. Tél.: (010) 6303-1595
Site internet : www.leohostel.com
▶ S'informer à l'hôtel des forfaits disponibles pour visiter le lendemain la Grande Muraille et les tombeaux des Ming (200元/pers, transport et en
▶ Sac à dos balade et prévoir passer au ATM dans la journée (sug. 2000元

A

i

C

A les activités suggérées et leur localisation ● sur la carte

B les 元 prix cibles, fixes ou à négocier 🖩 et ce, pour chaque activité

C le traducteur visuel vous permettant de demander votre chemin

D la logistique à prévoir (dans le rectangle jaune au bas de la carte) et dans le texte, des ▽ signifiant « à surveiller »

Dans les rabats... **i** les besoins au quotidien, à gauche

ii les signes pour négocier à la chinoise, à droite

	B	

BEIJING, CAPITALE CONQUÉRANTE
AU PASSÉ IMPÉRIAL — JOUR-11

PROGRAMME D'ACTIVITÉS — COÛT / 2 PERS.

En avant-midi : Place Tiananmen et la Cité interdite

❶ Arrivée à la gare ouest, ▽ aller à la billetterie pour acheter les billets de train de nuit pour Hangzhou (durée 15 heures) ou Tunxi (durée 21 heures), voir JOUR-13. ▽ Acheter une carte de Beijing (avec circuits bus et métro, en anglais et chinois). Prendre un taxi...
— 726元 (646元) 🖩 5元 22元

❷ jusqu'à l' 🏠 Leo Hostel et s'y installer. Demander la liste des excursions organisées par l'hôtel.
— 🖩 230元

❸ Se rendre 🚶 à la place Tiananmen (la plus grande place publique du monde).

❹ Visiter la légendaire Cité interdite (durée 2 heures). — 120元

En après-midi : Colline de Charbon et temple du Ciel

❺ Au sortir de la Cité interdite, aller 🚶 pique-niquer à la colline de Charbon (panorama inoubliable). Prendre un taxi...
— 15元

❻ jusqu'au temple du Ciel (visite 2 heures). Retourner par le 🚌 120 à l' 🏠 ❷. — 70元 4元

En soirée : Canard laqué ou brochettes de scorpions

❼ Dîner au canard laqué avec bière, dans un petit restaurant avoisinant le Leo Hostel ❷. Balade 🚶 jusqu'à la rue piétonne Wangfujing Dajie : nombreux magasins et ▽ ne pas rater les rues secondaires avec les boutiques exotiques (magie, brochettes de scorpions ou hippo-campes vivants, etc.). Retourner en taxi à l' 🏠 ❷.
— 40元 10元

COÛTS TOTAUX DES ACTIVITÉS DU JOUR-11 — **1242元**

---

	ii

1 — 一
2 — 二
3 — 三
4 — 四
5 — 五
6 — 六
7 — 七
8 — 八
9 — 九
10 — 十

20 二十 200 二百
50 五十 500 五百
100 一百 1000 一千

TAUX DE CHANGE AU PRINTEMPS 2006
10元 (YUAN) = 1,40 $CAN
1,25 $US
1,00 €

À MOINS CHER QUE
DE RESTER CHEZ SOI... 元

Les coûts mentionnés dans ce guide accompagnateur virtuel sont basés sur les frais réels que les auteurs ont payés en visitant la Chine au printemps 2006.

Les coûts totaux de leur voyage comprenant...
► tous les transports sauf le billet d'avion aller-retour Chine
► tous les restaurants, boissons et épicerie
► tous les billets d'entrées (sites, musées, etc...)
► aucun achat de cadeau ou souvenir

ont été de 16 369 元 (yuan) pour deux personnes pour 28 jours
soit **8 185 元** par personne pour 28 jours

soit 282 元 par personne/jour
équivalant à 40 $CAN ou 35 $US ou 28 € selon le taux de change (printemps 2006) inscrit dans le rabat droit de ce guide.

Pour les auteurs de ce guide accompagnateur virtuel, il leur en a coûté moins cher de voyager en Chine que de rester chez soi.

Partant de ces coûts réels, ce guide accompagnateur virtuel vous propose un budget journalier en vous indiquant les coûts à prévoir pour chacune des activités de la journée.

Ainsi, pour le JOUR-11, les coûts prévus sont de 1282 元 (yuan)

BUDGET DU JOUR 11	PRÉVUS	PAYÉS
Coûts détaillés dans le «programme d'activités» du JOUR-11	1242元	....
		....
Autres _____	40元	_____
Total pour 2 personnes	1282元	....

Et les coûts de 1242元 se détaillent dans le « programme d'activités » du JOUR-11 de la façon suivante :

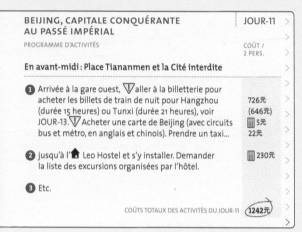

BEIJING, CAPITALE CONQUÉRANTE AU PASSÉ IMPÉRIAL   JOUR-11 >

PROGRAMME D'ACTIVITÉS   COÛT /
                                                                            2 PERS.

En avant-midi : Place Tiananmen et la Cité interdite

❶ Arrivée à la gare ouest, ▽ aller à la billetterie pour
acheter les billets de train de nuit pour Hangzhou   726元
(durée 15 heures) ou Tunxi (durée 21 heures), voir   (646元)
JOUR-13. ▽ Acheter une carte de Beijing (avec circuits   🔲 5元
bus et métro, en anglais et chinois). Prendre un taxi...   22元

❷ jusqu'à l'🏠 Leo Hostel et s'y installer. Demander   🔲 230元
la liste des excursions organisées par l'hôtel.

❸ Etc.

COÛTS TOTAUX DES ACTIVITÉS DU JOUR-11 1242元

Ces coûts, qui pourraient avoir changé depuis, visent à vous fournir une référence budgétaire pour les prix cibles à atteindre dans les négociations. Le picto 🔲 apparaît chaque fois qu'un prix (coût) est négociable. Par exemple, dans le cas d'une chambre d'hôtel, il faut chercher à payer le tiers du prix demandé quand l'hôtel n'affiche pas complet. Par contre, si vous faites une réservation, c'est le tarif affiché qui sera exigé...

Enfin, notre pratique budgétaire était :
- de toujours payer comptant (avec un reçu pour toute somme importante)
- d'utiliser uniquement les ATM (conserver les reçus comme preuves de change) et garder les cartes de crédit et argent $US pour le dépannage
- de ne verser aucun pourboire (la pratique du pourboire n'existe pas en Chine ni même à Hong Kong, excepté pour les touristes étrangers dans les « Tours» organisés, dans les grands hôtels ou grands restos)
- d'apporter notre vin au resto (avec l'accord du proprio).

La table des matières (itinéraire)

+ Jour de prolongation en option pour un voyage de 28 jours

9

La table des matières (itinéraire)

+Jour de prolongation en option pour un voyage de 28 jours

La table des matières (itinéraire)

+Jour de prolongation en option pour un voyage de 28 jours

La table des matières (itinéraire)

....

+ Jour de prolongation en option pour un voyage de 28 jours

PRÉPARATIFS

BILLETS D'AVION: les acheter avec arrivée à Hong Kong au JOUR-2 et départ de Shanghai 19 à 27 jours plus tard selon les jours de prolongation que vous décidez de prendre

QUAND ALLER EN CHINE? De préférence à l'automne (septembre à début novembre) ou au printemps (mars à mai)

QUE FAUT-IL APPORTER? Pour notre part, voici ce que nous avons apporté pour nous deux....

Sans faute

1. Passeport valide pour plus de 6 mois à l'entrée en Chine
2. Visa pour la Chine ; pas besoin de visa pour Hong Kong
3. Une réserve de 10 billets de 50 $US
4. 2 cartes-guichet (ATM) additionnelles (en cas de démagnétisation)
5. 1 jeu de clés additionnel pour les valises, sac à dos et chaîne à bagage

---

A- deux valises avec roues et bandoulière pour la soute à bagages (voir P.20)

Médicaments et soins personnels

- ▸ Médicaments non prescrits pour : yeux, gorge, nausées, diarrhée
- ▸ Bouteille d'alcool, pansements, etc.
- ▸ Médicaments prescrits (en faire la liste, voir P.2)
- ▸ Trousse de toilette : rasage, shampoing, savon, pâte et brosses à dents
- ▸ 2 serviettes, 2 gants de toilette, 2 paires de sandales (babouches)
- ▸ Produits de beauté

Vêtements

- ▸ Sous-vêtements, pyjama, chaussettes, T-shirts, chemises et chemisiers à manches courtes, 2 pantalons longs (cargo) avec poches intérieures anti-pickpocket (voir P.131), jupe, robe
- ▸ Maillots de bain, paréo pouvant servir de serviette

Autres

- ▸ Savon, poudre à lavage, bouchon universel pour évier ou bain, gants de caoutchouc, désinfectant de salle de bain, réserve antiseptique liquide pour les mains (voir P.24)
- ▸ Sac pour excédent de bagages, nécessaire à couture, mini ciseaux
- ▸ Raquette électrocutant les moustiques (voir P.129)
- ▸ 2 photocopies des passeports, des visas et du carnet de santé
- ▸ 2 imperméables (en vinyle transparent dans une pochette), corde et épingles à linge et 2 draps d'auberge (voir P.24)
- ▸ Filet anti-moustiques (voir P.129) et détecteur de fumée (voir P.24)

Appareils électriques (220 volts)

‣ Diffuseur anti-moustiques et réserve de rechange (achetable sur place, voir P.129)

‣ Bouilloire (achetable sur place), transformateur universel et trousse d'adaptateurs, chargeur et piles rechargeables (voir P.24)

Pour le petit déj. dans la chambre

‣ Nappe, café instantané ou thé, lait (type coffee mate), sucre, 2 assiettes en plastique, 1 couteau « Suisse » avec ouvre-bouteille et tire-bouchon, 2 tasses thermos (voir P.24)

....

B- un sac à dos pour les transports (voir P.20)
  (à garder avec soi dans l'avion, le train et l'autobus)

‣ Pochette pour documents importants de voyage : 1 photocopie des passe-ports, des visas, des carnets de santé et de la liste des noms génériques des médicaments, carte géographique du pays, des CD de musique, de disques compacts inscriptibles, clefs USB ou iPod

‣ 2 foulards, 1 chemise à manche longue (lui), 2 gilets ou pull pour air climatisé (elle-lui), 2 vestes coupe-vent imperméables

‣ 2 oreillers gonflables s'enroulant autour du cou, 2 masques de nuit et chaussettes en pochette et 2 paires de boules Quiès

‣ 1 réveille-matin numérique, 1 lampe frontale, 1 calculette, 1 grande chaîne et cadenas pour attacher les valises à la consigne ou dans le train

‣ Trousse personnelle de médicaments prescrits (à prendre quotidiennement) ou usuels (ex. : Tylénol, vitamines C, oméga 3, multi vitamines)

‣ Petite trousse à premiers soins

‣ Carnet d'adresses (voir P.132) et stylos

....

C- un sac à dos pour les balades et la visite de sites

‣ Eau en bouteille (2 X ½ litre), antiseptique liquide pour les mains

‣ Appareil photo, piles, jumelles, 2e lampe frontale, boussole

‣ Votre guide accompagnateur virtuel, copie des passeports, des visas, des carnets de santé et de la liste des noms génériques des médicaments

‣ Verres solaires, crème solaire, chasse-moustiques, 2 chapeaux ou casquettes

‣ 1 mini parapluie, 1 rouleau de papier toilette et papier mouchoir

‣ Pour les petits creux : nourriture sèche (de type noix, cajous, chocolat, biscuits, croustilles), bananes, oranges et jus en boîte

‣ *ATTENTION plus on en met, plus c'est lourd pour visiter.*

CÔTÉ PRATIQUE :
LA CHINE CE N'EST PAS CHINOIS !

DÉBUT DU VOYAGE >

QUELQUES EXPÉRIENCES

... avec les valises et sacs à dos

... en vol au-dessus de l'Alaska

CARNET DE VOYAGE DES AUTEURS

Le départ vers ce géant inconnu, la Chine

Enfin, le grand jour est arrivé et on s'est envolé... direction Chine. Ce long vol (du Québec – Canada, c'est 24 heures avec les correspondances) qu'on redoutait s'est bien déroulé. On s'est fait dorloter par le personnel de bord. On s'est gavé de repas et... de films tout en n'oubliant pas de faire des exercices d'assouplissement. Les paysages de l'Alaska étaient impressionnants.

Guy

VOTRE CARNET DE VOYAGE

8 mai 2008

On part de Mtl. un 7 mai à 6h00 du matin et on arrive à destination que le 8 mai (jeudi) à 6h00 du soir.

Tout s'est bien déroulé, les gens semblent ben cool. Ma coloc aussi.

Ici tout est grand et jaune.

Laurent, je pense à toi mon cher. Je y souris mais j'aimerais te toucher.

Chui crevée, à demain.

9 mai 2008

Dès 5h du matin le sommeil s'est enfui. On est allé courir, 4 étrangers à courir en Chine. à 8h du matin. Douche, déjeuner chinois, commissions... et 30 sieste?

21

HÔTEL—POINT DE CHUTE 🏠

Ce guide accompagnateur virtuel propose pour chaqu
ville étape un « hôtel-point de chute » avec coordonnée
indiquées dans la rubrique logistique.

Sans réservation : nous suggérons, pour des raisons d'économie
(30 à 60 % moins cher) et de liberté de choix, de ne faire aucune réservatic
sauf quand, prudence oblige, l'arrivée est tardive (ce qui est normalement
cas pour l'arrivée à Hong Kong le JOUR-2).

Dans les centres-villes ou villages : l'hôtel proposé est complet ou ne convi
pas, on en trouve facilement un autre dans le voisinage.

Demander de voir la chambre avant de louer : nous avons huit « règles d'or
pour vérifier et choisir une chambre... cela vaut peut-être pour vous :

1. Pas de moquette (danger de parasites)
2. Matelas confortable
3. Ventilateur, air climatisé ou chauffage (selon la saison) fonctionnel
4. Avec fenêtre sécuritaire
5. Prises électriques fonctionnelles
6. Eau chaude
7. Toilette « western » et non « à la turque »
8. Table et chaises pour le petit déj.

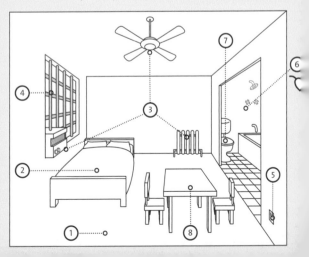

PROGRAMME D'ACTIVITÉS

COÛT /
2 PERS.

En soirée : Découverte du quartier (Causeway Bay)

Après les formalités à l'aéroport de Hong Kong et avant de sortir, ▽ passer au ATM (retrait sug. 2500 $HK).

Au sortir de l'aéroport, prendre le bus « à l'impériale » A11 ou A12 (45 $HK, ▽ monnaie exacte) pour se rendre à l' 🏠 (voir ❶ carte Hong Kong Kowloon, P.26) Hong Kong Hostel, 3rd fl., Block A, 47 Paterson St.,Causeway Bay, Hong Kong, Tél. (852) 2392-6868, demander Sam ou Peter.

90$HK *

Installation à l'hôtel-point de chute (voir les pages 22 et 24).

320$HK

Si on a temps et envie, on se trouve dans un quartier de magasins. En faire la découverte et y prendre une bouchée ou une consommation. Retour à l' 🏠 .

120$HK

COÛTS TOTAUX DES ACTIVITÉS DU JOUR-2   **530$HK**

HONG KONG, LA CAPITALE FINANCIÈRE CHINOISE

JOUR-3

En avant-midi : Balade à pied au milieu des gratte-ciel (voir carte Hong Kong et Kowloon, P.26)

❶ Au sortir de l' 🏠 , prendre 🚶 la rue Paterson...

❷ jusqu'à Yee Wo St ; prendre le tramway « à l'impériale » en bois, direction ouest.

4$HK

❸ Descendre à Bank of China Tower pour monter au 43ième étage - vue panoramique.

0$HK

❹ Poursuivre 🚶 sur l'animée Des Vœux Road jusqu'à l'audacieux édifice HSBC.

NOTE 10$HK = 1,40 $CAD = 1,25 $US = 1,00 €   SUITE PAGE 27 ►►

23

Installation à l'hôtel **pour confort et sécurité.**
- Avant de payer, s'assurer d'avoir serviettes et literie propres et, en cas de froid, une couverture de laine ; demander, au besoin, de nettoyer « à nouveau » la chambre.
- Demander toujours un reçu, l'heure de départ (check out) et faire monter les bagages.
- Brancher le chargeur de piles et le diffuseur anti-moustiques.
- S'informer des services offerts par l'hôtel (ex.: consigne) ou dans le voisinage (ex.: ATM, internet, etc.).
- Enfin et surtout, placer au plus haut point possible le détecteur de fumée et repérer la sortie d'urgence.

Fermer la chambre, **facile mais bien le faire.**
- Demander de descendre les bagages et éventuellement les laisser à la consigne pour permettre de visiter avant de quitter la ville.
- Remettre la clef et régler tout solde impayé en demandant un reçu.

Petit déj. à la chambre, **une agréable idée.**
- Le petit déj. chinois n'a rien à voir avec le nôtre. Si le thé chinois est très bon et très facile à trouver, bonne chance pour le café. Voilà pourquoi nous avons opté pour le petit déj. à la chambre.

... kit du petit déj.   ... le petit déj. à la chambre

CARNET DE VOYAGE DES AUTEURS

Hong Kong, nous voilà !

Les formalités, les bagages, ça y est, on est arrivé au nouvel aéroport de Hong Kong. Ouf ! C'est gros, c'est grand, c'est moderne, c'est excitant... Ça tourbillonne dans nos têtes. Dans notre hâte de découvrir, malgré la fatigue du voyage et le décalage horaire, on décide quand même de faire une courte exploration du quartier avant de faire un sommeil réparateur. On a eu raison de le faire ; ce fut extra !

Nicole

BUDGET DU JOUR-2	PRÉVUS	PAYÉS
Coûts détaillés dans le « programme d'activités » du JOUR-2	530$HK	....
Autres _____	50$HK	_____
Total pour 2 personnes	580$HK	....

VOTRE CARNET DE VOYAGE

....

....

....

....

....

....

....

....

....

....

....

....

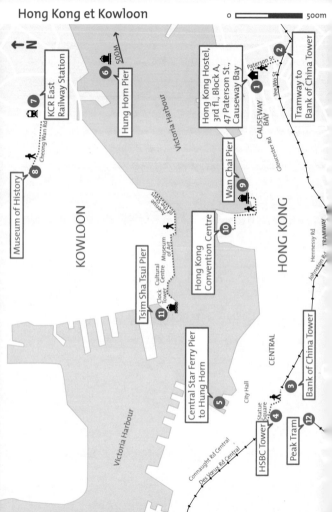

Hong Kong et Kowloon

0 _____ 500m

←N

1 Hong Kong Hostel, 3rd fl., Block A, 47 Paterson St., Causeway Bay

2 Tramway to Bank of China Tower

Paterson St.

Yee Wo St.

CAUSEWAY BAY

Gloucester Rd

6 Hung Horn Pier

500M

Victoria Harbour

7 KCR East Railway Station

Cheong Wan Rd

8 Museum of History

KOWLOON

9 Wan Chai Pier

HONG KONG

Hennessy Rd

Johnston Rd TRAMWAY

10 Hong Kong Convention Centre

Venture Stairs

Museum of Art

Cultural Centre

11 Tsim Sha Tsui Pier

Clock Tower

Victoria Harbour

5 Central Star Ferry Pier to Hung Horn

City Hall

Statue Square

CENTRAL

3 Bank of China Tower

4 HSBC Tower

12 Peak Tram

Connaught Rd Central

Des Voeux Rd Central

LOGISTIQUE

▸ Sac à dos balade et passeport pour l'achat des billets de train pour Guangzhou (Canton)

PROGRAMME D'ACTIVITÉS

COÛT /
2 PERS.

>

5 Passant 🚶 par Statue Square et le colonial City Hall, prendre le légendaire ⛴ Star Ferry vers Hung Horn. — 11$HK

6 Au quai Hung Horn Pier, prendre un taxi... — 15$HK

7 jusqu'à la gare de 🚆 du KCR East. ⚠️Acheter les billets pour Gangzhou (Canton) (train express, 2e classe, durée 1 hre 45 min) pour tôt le lendemain matin (sug. 9h00). — 380$HK

En après-midi : Excursion à Kowloon en Star Ferry

8 Se rendre 🚶 au ludique musée d'Histoire. Prendre un lunch à l'un des restos kiosques avoisinants avant de visiter le musée (durée 1 heure 30 min). Retourner en taxi au quai Hung Horn **6** ... — 100$HK / 46$HK / 15$HK

9 pour aller en Star Ferry ⛴ à Wan Chai. — 4$HK

10 Se rendre 🚶 visiter le Hong Kong Convention Centre. Admirer le magnifique coucher du soleil puis, retourner en vitesse prendre le Star Ferry ⛴ **9** ... — 4$HK

En soirée : Panorama spectaculaire du Victoria Peak

11 pour le ⛴ Tsim Sha Tsui Pier. Promenade 🚶 sur Avenue of the Stars en passant par la Clock Tower, le Hong Kong Cultural Center et le Hong Kong Museum of Art. Durant cette balade, assister à l'époustouflant feu d'artifice de laser (vers 20h00) sur la rive opposée. Prendre une bouchée sur place. Retourner au Tsim Sha Tsui Pier **11**. Reprendre le Star Ferry ⛴ pour le Central Star Ferry Pier **5**. Prendre un taxi ... — 100$HK / 4$HK / 15$HK

12 jusqu'au Peak Tram. Acheter les billets aller-retour pour aller au Victoria Peak là où, la nuit, le panorama est saisissant. Redescendre par le Peak Tram et prendre un taxi jusqu'à l' 🏠 **1** . — 60$HK / 15$HK

COÛTS TOTAUX DES ACTIVITÉS DU JOUR-3 — **773$HK**

QUELQUES EXPÉRIENCES

... en tramway en bois
« à l'impériale »

... au quai du Star Ferry

CARNET DE VOYAGE DES AUTEURS

Hong Kong, une vision de l'avenir

Hong Kong, marquée par sa culture britannique, un mélange de tradition et de modernité, est encore un sujet de controverse pour la Chine. On est renversé par l'architecture des gratte-ciel qui n'en finissent plus! Je dois dire qu'on était un peu perdu et qu'on a dû se familiariser très rapidement avec la monnaie: le Hong Kong dollar. Bref, c'est le choc! On découvre le monde de la finance, l'univers des grands magasins et des boutiques de luxe. Le rythme de vie n'a pas de répit, la vie ne semble jamais s'arrêter. Malgré la quantité incroyable de gens, cette ville nous semble étrange; personne ne se bouscule, on se croirait seul au monde et même au ralenti!

Nicole

BUDGET DU JOUR-3	PRÉVUS	PAYÉS
Hôtel	320$HK	....
Coûts détaillés dans le « programme		....
d'activités » du JOUR-3	773$HK	....
Autres _____	25$HK	....
Total pour 2 personnes	**1118$HK**	....

VOTRE CARNET DE VOYAGE

Hong Kong et Kowloon

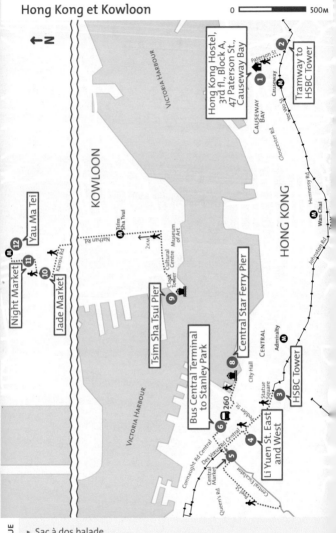

0 _____ 500м

Hong Kong Hostel, 3rd fl., Block A, 47 Paterson St., Causeway Bay

Tramway to HSBC Tower

Yau Ma Tei

Night Market

Jade Market

Tsim Sha Tsui Pier

Bus Central Terminal to Stanley Park

Central Star Ferry Pier

HSBC Tower

Li Yuen St. East and West

KOWLOON

HONG KONG

VICTORIA HARBOUR

CAUSEWAY BAY

CENTRAL

Tsim Sha Tsui

Museum of Art

Cultural Centre

Clock Tower

Nathan Rd

Kansu Rd

Paterson St

Causeway

Yee Wo St.

Gloucester Rd

Hennessy Rd

Wan Chai

Johnston Rd

Admiralty

City Hall

Statue Square

Connaught Rd Central

Des Voeux Rd Central

Queen's Rd

Central Market

Central Escalator

Pedder St

Peel St

260

2км

HONG KONG, SES PLAGES !
SES MARCHÉS ANIMÉS...

PROGRAMME D'ACTIVITÉS

COÛT /
2 PERS.

En avant-midi : Le plus long « escalator » au monde

1 Au sortir de l'🏠, se rendre 🚶 ...

2 jusqu'à Yee Wo St. Prendre le tramway direction ouest. | 4$HK

3 Descendre à Bank HSBC et aller 🚶 sur Des Vœux Rd...

4 jusqu'à Li Yuen St East et West, appelées « the lanes », rues piétonnes regorgeant d'étals de vêtements, ⚠ marchander pour le tiers du prix.

5 Poursuivre 🚶 sur Des Vœux Rd, tourner à gauche sur Queen Victoria St et prendre le fameux « escalator ».

6 Descendre 🚶 Peel St, tourner à droite sur Queen's Rd et à gauche sur Jubilee St. Puis, faire l'expérience des passerelles 🚶 menant au terminus central de bus. Prendre le 🚌 no 6 ou 260 (⚠ monnaie exacte) ... | 30$HK

En après-midi : Stanley Park, son marché et sa plage

7 pour Stanley Park (hors carte), la plage (St. Stephen's Beach), le marché (Stanley Market) où ⚠ tout est négociable moitié prix. Lunch sur place. | 100$HK

8 Retour par le 🚌 6 au point **5**. Se rendre 🚶 au Central Star Ferry pour traverser le Victoria Harbour... | 30$HK · 11$HK

9 jusqu'au Tsim Sha Tsui Pier pour une randonnée 🚶 de 2 km sur l'impressionnante Nathan Rd.

En soirée : Les marchés de Kowloon

10 Poursuivre 🚶 jusqu'à Kansu Rd et tourner à gauche pour se rendre au marché de Jade.

11 Poursuivre 🚶 jusqu'au marché de nuit de Temple Street, ⚠ négocier au tiers du prix. Dîner sur place. | 100$HK

12 Revenir à l' 🏠 **1** en Ⓜ par la station Yau Ma Tei jusqu'à la station Ⓜ Causeway Bay en ⚠ n'oubliant pas de changer de ligne à la station Ⓜ Admiralty. | 40$HK

COÛTS TOTAUX DES ACTIVITÉS DU JOUR-3+ | **315$HK**

QUELQUES EXPÉRIENCES

... sur les passerelles et
l'« escalator » de Hong Kong

... à l'un des marchés de rue
de Hong Kong

CARNET DE VOYAGE DES AUTEURS

Le Hong Kong populaire

Dans notre parcours de la journée, c'est le monde grouillant des boutiques et des marchés de rue comme le Stanley Market, « the lanes », le marché de Jade ou le marché de nuit que l'on retient surtout. Tout y est et tout y est négociable. Après plusieurs heures de marche dans leurs dédales, on constate que tous ces quartiers affairés et populaires continuent d'être très animés. Journée exotique et dépaysante à souhait.

Guy

BUDGET DU JOUR-3+	PRÉVUS	PAYÉS
Hôtel	320$HK	....
Coûts détaillés dans le «programme		....
d'activités» du JOUR-3+	315$HK	....
Autres _____	70$HK	....
Total pour 2 personnes	**705$HK**	....

VOTRE CARNET DE VOYAGE

Guangzhou 广州

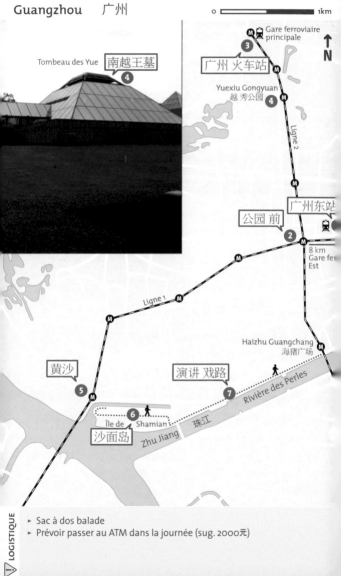

0 ━━━━━━━━━ 1km

Gare ferroviaire principale

③

广州 火车站

Tombeau des Yue 南越王墓

④

Yuexiu Gongyuan
越秀公园
④

N

Ligne 2

广州东站

公园前

②

8 km
Gare fer
Est

Ligne 1

Haizhu Guangchang
海猪广场

黄沙

⑤

演讲 戏路

⑦

Rivière des Perles

Île de Shamian

⑥

沙面岛

珠江 Zhu Jiang

LOGISTIQUE

► Sac à dos balade
► Prévoir passer au ATM dans la journée (sug. 2000元)

PROGRAMME D'ACTIVITÉS

COÛT /
2 PERS.

En avant-midi : Guangzhou (Canton), tombeau des Yue

Hong Kong, petit déj. et fermer la chambre. Prendre un taxi, ⚠️ 2 heures avant le départ du train, pour se rendre à la gare KCR East de Kowloon (voir carte JOUR-3 point ❼). Passer les douanes, prendre le train.   **15$HK**

❶ Arrivée à Guangzhou (en moins de 2 heures) à la gare de l'Est de Guangzhou Dong Zhan, passer les douanes. ⚠️ Trouver un ATM (sug. 2000元) avant de prendre le métro à la station voisine de la gare...   **12元**

❷ en direction ouest jusqu'à la station Gongyuan Qian y prendre la ligne de métro 2 en direction nord...

❸ jusqu'à Guangzhou Huochezhan. Sortir du Ⓜ aller à la billetterie de 🚆 (bâtiment blanc à droite de la grande horloge). Acheter pour le départ en soirée, les billets de train de nuit pour Guilin (T-38, 21h04, Hard Sleeper, lits du milieu, ⚠️ voir rubrique P.36). Mettre ses bagages à la consigne pour la journée.   **430元**

  24元

❹ Reprendre le métro pour la station Yuexiu Gongyuan. Au sortir du Ⓜ se trouve le superbe musée du tombeau des Yue (durée 1 heure 30 min). Prendre une bouchée.   **4元**
  24元
  50元

En après-midi : Les bébés adoptées de l'île de Shamian

❺ Reprendre le métro jusqu'à la station Huangsha pour...   **6元**

❻ visiter île de Shamian. Promenade 🚶 pour rencontrer les magnifiques bébés filles adoptées par des couples américains avec lesquels on échange facilement. S'arrêter à une terrasse pour dîner en fin d'après-midi.   **100元**

En soirée : Balade au bord de la rivière des Perles et train de nuit pour Guilin

❼ Remonter 🚶 la rue Yanjiang Xilu longeant la rivière des Perles jusqu'au métro Haizhu Guangchang. Retourner en métro prendre le 🚆 ❸ pour Guilin (utiliser le billet pour obtenir les informations requises pour ce train).   **10元**

COÛTS TOTAUX DES ACTIVITÉS DU JOUR-4   **675元**

COMMENT... ACHETER UN BILLET DE TRAIN?

L'achat d'un billet de train ou d'autobus dans une billetterie où personne ne parle l'anglais peut paraître un défi. Mais en recourant intuitivement aux gestes et aux images ci-dessous, on y arrive!

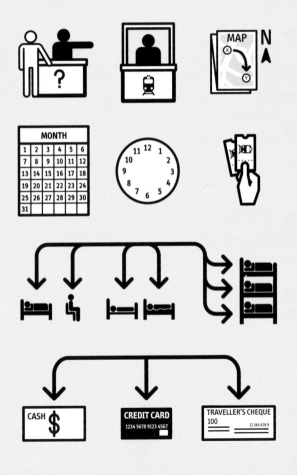

CARNET DE VOYAGE DES AUTEURS

Canton, le choc culturel

Aujourd'hui, on a traversé dans la vraie Chine, la Chine continentale. Tout se passe en chinois, les écriteaux, les gens parlent sur un autre ton que le nôtre, on panique mais on ne recule pas. Canton est une ville aux mille surprises avec son tombeau millénaire des Yu, sa rivière des Perles et son île de Shamian où les Occidentaux s'y baladent avec leurs poupons chinois «toutes des bébés filles»! Le vrai dépaysement qui se poursuit!

Guy

BUDGET DU JOUR-4	PRÉVUS	PAYÉS
Coûts détaillés dans le « programme d'activités » du JOUR-4	675元	....
Autres _____	30元	_____
Total pour 2 personnes	705元	....

VOTRE CARNET DE VOYAGE

....

....

....

....

....

....

....

....

....

....

Guilin centre　桂林中心

0 ▬▬▬▬▬ 500m

芦笛岩

8 Vers la grotte de
la Flûte de Roseau

5km

Jiefang Xilu

Pic de
la Beauté
solitaire

汤公司
10

Yiren Lu

榕湖
6 Shanhu beilu

7 **3**

中央正方形

9

杉湖
5

珊瑚北輪

Binjiang lu 滨江路

美毒饭店, 南环路 17
3 🏠

Lijiang 漓江

4

大象树干小山

中山路

Zhongshan lu

1

2 2

Shanghai Lu

◁ LOGISTIQUE

▷ ► Acheter les billets de train (K316) Guilin – Xi'an en date du JOUR-8
(durée 25 heures, sleeper hard 356元/billet)

► Coordonnées de l'hôtel-point de chute : Meidu Fandian,
17 Nanhuan Lu Guilin,tél.: (0773) 283-8268

► Réserver la chambre en date du JOUR-7 (100元 de dépôt, demander
un reçu). Spécifier 18h00 comme heure probable d'arrivée

► Sac à dos balade et prévoir passer au ATM (sug. 2000元)

PROGRAMME D'ACTIVITÉS

COÛT /
2 PERS.

En avant-midi : À pied au bord du Lijiang et des lacs

1 Arrivée à la gare 🚆, ⚠️ sortir et prendre à droite
pour aller acheter les billets de train (K316) pour Xi'an. 712元

2 ⚠️ Acheter des victuailles aux kiosques près de la gare
et prendre le 🚌 no 2 en direction nord. 50元
2元

3 Descendre à l'🏠 Meidu Fandian, installation à l'hôtel
et petit déj. 📅 80元

4 Traverser la rue en face de l'🏠 pour suivre 🚶 la rive
droite du Lijiang. Observer la célèbre colline en Trompe
d'Éléphant plongeant dans le Lijiang.

5 Poursuivre 🚶 sur Binjiang Lu et tourner à gauche sur
Shanhu Beilu pour longer le lac Shan Hu.

6 Continuer 🚶 jusqu'au lac Rong Hu et y pique-niquer.

En après-midi : Grotte de la Flûte de Roseau

7 Après le tour du magnifique lac Rong Hu, prendre
le 🚌 no 3 en direction nord... 3元

8 pour aller visiter l'immense grotte de la Flûte de Roseau
(prévoir 2 heures). Retour par le bus no 3. 120元
3元

9 Descendre au point **7** et se rendre à la place centrale
pour y découvrir les boutiques souterraines.

En soirée : Balade dans le quartier piétonnier

10 Poursuivre 🚶 la balade dans le quartier piétonnier.
S'arrêter pour faire l'expérience d'un fast-food chinois
Soup Company. Retour à pied à l'🏠 point **3**. 60元
⚠️ Prévoir l'achat de nourriture pour le petit déj. 50元

COÛTS TOTAUX DES ACTIVITÉS DU JOUR-5 **1080元**

QUELQUES EXPÉRIENCES

... au bord du lac Shan Hu

... au pont de verre du lac Rong Hu

CARNET DE VOYAGE DES AUTEURS

Guilin a deux personnalités

Au bout de quelques heures, le train ralentit, on entre en gare. Ici, peu de personnes parlent l'anglais ! On ne panique plus ! Au cours de la balade, on réalise que Guilin a deux personnalités! La rustique, celle où se pointe sa célèbre colline en Trompe d'Éléphant et celle, nous rappelant la richesse de son passé avec ses pagodes géantes. L'autre, la <u>moderne</u> avec son centre-ville où défilent de grands bâtiments de pierre abritant différents types de commerces à l'occidental. Émerveillant, ce « magasinage » ; merveilleux aussi de découvrir les différences entre les cultures.

Nicole

BUDGET DU JOUR-5	PRÉVUS	PAYÉS
Coûts détaillés dans le « programme d'activités » du JOUR-5	1080元	....
Autres _____	_____	....
Total pour 2 personnes	1080元	....

VOTRE CARNET DE VOYAGE

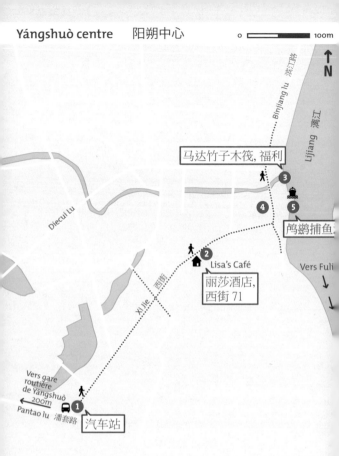

马达竹子木筏, 福利

鸬鹚捕鱼.

Lisa's Café

丽莎酒店,
西街 71

Binjiang lu 滨江路

Lijiang 漓江

Diecui Lu

Xi Jie 西街

Vers Fuli

Vers gare
routière
de Yángshuò
200m

Pantao lu 潘套路

汽车站

o ▭▭▭▭▭ 100m

N

PROGRAMME D'ACTIVITÉS	COÛT / 2 PERS.

En avant-midi : Yángshuò et son quartier piétonnier

🚩 Lever tôt et fermer la chambre. 🚩 Confirmer la réservation de la chambre pour le JOUR-7. Prendre le bus no 2 à côté de l'hôtel en direction sud. — 2元

S'arrêter en face de la gare (point ❷ carte JOUR-5) pour prendre le bus pour Yángshuò (départ aux 30 min). — 20元

❶ Arrivée à la gare routière 🚌 de Yángshuò.

❷ Se rendre à l'🏠 Lisa's Café en minibus électrique — 🔢 80元
et 🚶 par la sympathique rue Xijie Lu. — 2元

En après-midi : Randonnée en radeau de bambou

❸ Après installation à l'🏠 et lunch, se rendre 🚶 au bord — 30元
du Lijiang pour négocier une randonnée en radeau — 🔢 80元
de bambou à moteur sur le Lijiang jusqu'à Fuli (balade de 2 hres). 🚩 Dans la négociation, insister pour visiter le hameau de Fuli (durée 30 min) et ne payer qu'une fois de retour à Yángshuò.

❹ De retour au quai à Yángshuò, balade 🚶 sur la Binjiang Lu et Xijie Lu, se laisser tenter mais 🚩 ne payer jamais plus que le tiers du prix demandé. Retour à l'🏠 et prendre une bouchée. — 30元

En soirée : Pêche aux cormorans sur la rivière Li

❺ Se rendre 🚶 au bord du Lijiang 🚩 avant le coucher du soleil. Négocier une balade en 🚤 pour assister à — 🔢 100元
la pêche aux cormorans (durée 45 min) et observer à distance le son lumière du Sanjie Lu (autres 30 min). Retour à l'🏠 et prendre un goûter. — 75元

COÛTS TOTAUX DES ACTIVITÉS DU JOUR-6	**419元**

QUELQUES EXPÉRIENCES

... en radeau vers Fuli

... à la pêche aux cormorans

CARNET DE VOYAGE DES AUTEURS

Yangshuo, village envié

Yangshuo, petit village situé à une heure de route de Guilin. On nous avait dit qu'il ressemblait à un village des Alpes. On était impatient de le voir. C'est magnifique ! Son décor de « pain de sucre » vous laisse deviner le relief de la région. Sa rivière Li est réputée pour être l'une des plus belles au monde ; des « pêcheurs aux cormorans » s'y regroupent. Yangshuo a une ambiance sympathique en raison de la fraîcheur de sa jeunesse et c'est le coup de foudre assuré pour les plus âgés. On est comblé.

Nicole

BUDGET DU JOUR-6	PRÉVUS	PAYÉS
Coûts détaillés dans le « programme d'activités » du JOUR-6	419元	
Autres _____		
Total pour 2 personnes	**419元**	

VOTRE CARNET DE VOYAGE

Environs de Yángshuò 阳朔地区

0 ⊏▭▭▭▭ 5 km

↑ N

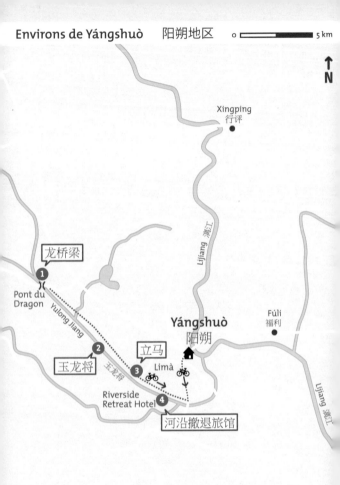

Xingping
行评 ●

Lijiang 漓江

龙桥梁
❶
Pont du
Dragon

Yulong Jiang

❷
玉龙将
玉龙将
❸

立马
Limà 🚲
🚲

Yángshuò
阳朔 🏠

Fúli
福利 ●

Riverside
Retreat Hotel
❹

河沿撤退旅馆

Lijiang 漓江

▷ LOGISTIQUE
▸ Sac à dos balade
▸ Prévoir passer au ATM dans la journée (sug. 2000元)

PROGRAMME D'ACTIVITÉS
COÛT /
2 PERS.

En avant-midi : La rivière Yulong en radeau de bambou

1 Après le petit déj. et ▽ les achats de provisions pour le pique-nique, louer, à partir de l'🏠, deux 🚲 pour se rendre au pont du Dragon (érigé en 1412).

40元
🖩 20元

2 Négocier une randonnée en radeau de bambou, descendre (mettre les bicyclettes sur le radeau) la rivière Yulong, plus magnifique encore que le fleuve Lijiang.

🖩 100元

3 À la descente du radeau, au village Limà, pique-niquer sur le bord de la rivière.

En après-midi : À bicyclette le long de la rivière Yulong

4 Retour en 🚲 sur le bord de la rivière Yulong jusqu'au Riverside Retreat Hotel ; s'y rafraîchir. Par la suite, retourner à l'🏠 de Yángshuò pour remettre les vélos et se reposer.

30元

En soirée : Dîner et sortie dans les bistros du coin

Promenade dans les rues piétonnières de Yángshuò (voir carte JOUR-6) et prendre un repas dans l'un des nombreux restaurants. Faire la tournée des bistros de Yángshuò pour y écouter des groupes pop. Retour à l'🏠. ▽ Ne pas oublier d'acheter la nourriture pour le lendemain.

70¥元
75元

50元

COÛTS TOTAUX DES ACTIVITÉS DU JOUR-6+ **385元**

QUELQUES EXPÉRIENCES

... au pont du Dragon

... en radeau de bambou dans une aquarelle chinoise

CARNET DE VOYAGE DES AUTEURS

La rivière Yulong, en vélo et en radeau

Réveil matinal, on « ramasse » victuailles et bicyclettes et on part à la découverte des environs. Tout s'éveille autour de nous, le soleil se pointe, les Chinois sont de plus en plus nombreux dans les rues! Boulot oblige ! On se dirige vers la campagne, on est pratiquement seul. Au pont du Dragon, on opte pour une descente de la rivière en radeau de bambou. On se laisse dériver tranquillement comme des naufragés; en réalité deux Chinoises conduisent énergiquement le radeau. Les paysages sont sublimes, c'est de plus en plus fascinant. Journée féerique.

Nicole

BUDGET DU JOUR-6+	PRÉVUS	PAYÉS
Coûts détaillés dans le « programme d'activités » du JOUR-6+	385元	....
Autres _____	_____	....
Total pour 2 personnes	**385元**	....

VOTRE CARNET DE VOYAGE

Xingping 行评

▸ Coordonnées de l'hôtel réservé le JOUR-5 : Hôtel Meidu Fandian,
  17 Nanhuan Lu, Guilin, Tél.: (0773) 283-8268
▸ Sac à dos balade, prévoir surplus d'eau et croustilles

PROGRAMME D'ACTIVITÉS

COÛT /
2 PERS.

En avant-midi : Xingping, les plus beaux paysages du Li

⚠️ Lever tôt et fermer la chambre. Se rendre à pied par
la rue Xijie Lu jusqu'à Pantao Lu (voir ❶ carte JOUR-6).
De là, prendre le minibus électrique jusqu'à la gare
routière 🚌. Mettre les bagages à la consigne de la gare et
acheter les billets pour Xingping (voir carte JOUR-6+).
La durée du trajet est de 45 min avec de beaux paysages.
En route, s'informer de l'horaire de retour pour Yángshuò.

2元
6元
11元

À Xingping, suivre un des rabatteurs qui font passer leurs
clients par un joli parc (16元) et négocient pour eux une
embarcation privée qui les amène voir les plus beaux
paysages du Lijiang (durée 1 heure 15 min).

32元
🧮 100元

En après-midi : Pique-nique dans le parc de Xingping

Après un pique-nique et une balade dans le parc, reprendre
le bus pour le retour à la gare de Yángshuò. À l'arrivée,
récupérer les bagages et acheter les billets pour Guilin.

11元
20元

De retour à Guilin (voir carte JOUR-5), prendre le 🚌 no 2
et descendre à l' 🏠 réservé précédemment le JOUR-5.
Reprendre le dépôt, payer l'hôtel et s'y installer.

2元

80元

En soirée : Les lacs illuminés de Guilin

Manger à l'un des restaurants autour de l' 🏠 (voir carte
JOUR-5). Un regain d'énergie le permettant, retourner voir
de nuit les lacs Shan Hu ❺ et Rong Hu ❻ magnifiquement
éclairés. Retour à l' 🏠 en taxi.

90元

10元

COÛTS TOTAUX DES ACTIVITÉS DU JOUR-7   **364元**

QUELQUES EXPÉRIENCES

... en bateau privé sur le Lijiang

... avec le pilote chinois

CARNET DE VOYAGE DES AUTEURS

Xingping, intriguant paysage du « 20 yuan » !

Aujourd'hui, une autre aventure ! Où se situe le magnifique paysage de l'endos du billet de 20 yuan ? Départ en bus pour Xingping ! Effectivement, le fruit de notre recherche se concrétise ; le paysage du 20 yuan surgit devant nous. Ces rochers dégagent une ambiance contagieuse, balade obligée. C'est magnifique, c'est calme, il n'y a aucun bruit si ce n'est cet oiseau aquatique qui se nourrit de poissons qu'il attrape en plongeant ! On devine ce qu'il est cet oiseau ? Un cormoran en liberté.

Nicole

BUDGET DU JOUR-7	PRÉVUS	PAYÉS
Coûts détaillés dans le « programme d'activités » du JOUR-7	364元	....
Autres _____	_____	....
Total pour 2 personnes	364元	....

VOTRE CARNET DE VOYAGE

BEIJING
JOUR-11
JOUR-12
JOUR-12+

↑ N

JOUR-10

CHINE

XI'AN
JOUR-9
JOUR-9+

JOUR-8

TRAIN DE
NUIT
JOUR-13

ZHOUZHUAI
JOUR-16+

SUZHOU
JOUR-15

SHAN
JOUR-1
JOUR-1

HONGCUN
JOUR-13++

HUANG SHAN
JOUR-13+++

TONGLI
JOUR-16

HANGZHOU
JOUR-14

XIDI
JOUR-13++

TUNXI
JOUR-13+

GUILIN
JOUR-5

YÁNGSHUÒ
JOUR-6
JOUR-6+

XINGPING
JOUR-7

GUANGZHOU
JOUR-4

HONG KONG
JOUR-2 ARRIVÉE
JOUR-3
JOUR-3+

✈ **DÉPART**
JOUR-1

LOGISTIQUE

▸ Sac à dos balade et sac à dos voyage ; inclure le kit du petit déj., un
   surplus d'eau, de fruits secs et des provisions pour le voyage en train
▸ Prévoir aussi des soupes-repas instantanées ; l'eau chaude est disponible
   dans le train

PROGRAMME D'ACTIVITÉS

COÛT /
2 PERS.

Fermer la chambre à Guilin.

Demander à l'hôtel d'appeler un taxi pour aller à la gare ferroviaire. ⚠ S'assurer d'arriver à la gare une heure à l'avance.   10元

Utiliser le billet pour obtenir les informations requises pour prendre le train pour Xi'an (voir l'exemple de descriptif d'un billet de train au bas de cette page).

Durant le trajet, prévu de 25 heures, en profiter pour relaxer et échanger avec les passagers chinois.

À bord du train, manger ses provisions (voir logistique) ainsi que la nourriture et breuvages embouteillés vendus par des employés de la compagnie ferroviaire.   52元

COÛTS TOTAUX DES ACTIVITÉS DU JOUR-8   **62元**

date de départ · ville d'origine · heure de départ · ville de destination · no du train

prix · no du wagon · no du siège ou de la couchette

QUELQUES EXPÉRIENCES

... durant le parcours en train

... à l'apéro dans le train

CARNET DE VOYAGE DES AUTEURS

Guilin – Xi'an, à bord du train on expérimente un nouveau langage !

Valises et billets de train en main, on embarque et voilà c'est reparti. Cette fois, direction Xi'an qui, avec son apostrophe, signifie « ouest et paix ». Long trajet où l'on tente, malgré le bruit du roulement des roues sur les rails, de communiquer avec nos amis chinois. Les échanges d'un sourire, d'un signe servant d'explication se terminent souvent par le partage de l'apéro avec la complicité d'échanges de nos photos personnelles. Langage magique !

Nicole

BUDGET DU JOUR-8	PRÉVUS	PAYÉS
Coûts détaillés dans le « programme d'activités » du JOUR-8	62元	....
Autres _____	___	....
Total pour 2 personnes	62元	....

VOTRE CARNET DE VOYAGE

Xi'an centre 西安中心

0 ▭▭▭▭ 2 km

↑ N

火车站
❶ 🚆

Ludao Binguan ❷ 🏠 🚶

🚌 306 ❸
兵马俑

陆稻,
西把路 80

Lianhu Lu

Bei Dajie

Jiefang Lu 解放路

新界
❹ 🚶

Xinjie 新界

Xi Dajie

Duanlumen Namxin jie

Dong Dajie

Wenyi Lu

Nanguan Zhengjie

Youyi Xilu

Youyi Donglu

LOGISTIQUE

▸ Billets de train, couchette milieu hard. Durée du trajet de 14 à 18 heures : privilégier l'arrivée le matin à Beijing
▸ Coordonnées de l'hôtel-point de chute : Hôtel Ludao Binguan, 80 West West 8th Street Xi'an, Tél.: (0131) 8603-5637 (Demander Jim Beam)
▸ Sac à dos balade et prévoir passer au ATM (sug. 2000元)

PROGRAMME D'ACTIVITÉS

COÛT /
2 PERS.

En avant-midi : Découverte du quartier avoisinant la gare

1 Arrivée à la gare ferroviaire 🚉 de Xi'an, 🚇 sortir et aller à gauche à la billetterie pour acheter les billets Xi'an – Beijing pour le JOUR-10.

548元

2 Aller 🚶 jusqu'à l' 🏠 Ludao Binguan. Installation et 🚇 achat de victuailles pour le pique-nique.

120元
30元

3 Aller prendre le 🚌 no 306, sur le côté est du stationnement de la gare pour se rendre au site de l'Armée des soldats de terre cuite.

10元

En après-midi : Fabuleuse Armée de terre cuite

Visite de cette découverte archéologique majeure dont le site date du 3ième siècle avant J-C. Prévoir au moins 3 heures et pique-niquer sur place. Reprendre le bus 306, en face du site, afin de retourner à l' 🏠 (point **2**).

180元

10元

En soirée : Lèche-vitrine et fast-food chinois

4 Balade 🚶 jusqu'à la rue commerciale Xinjie et visite des magasins. Dîner dans un fast-food chinois. Revenir à l' 🏠 (point **2**) en taxi.

30元
9元

COÛTS TOTAUX DES ACTIVITÉS DU JOUR-9 **937元**

QUELQUES EXPÉRIENCES

... avec le paysan qui a découvert l'Armée de terre cuite en 1974

... avec les soldats de terre cuite vieux de 2200 ans

CARNET DE VOYAGE DES AUTEURS

Xi'an, rêve réalisé !

À l'aube, tout s'agite autour de nous, voilà Xi'an. D'un pas sûr, on rejoint l'hôtel, douche et ravitaillement s'imposent avant d'aller dans ce lieu, nous en rêvions, visiter la fabuleuse « Armée de terre cuite ». Merveille du monde où sont rassemblés tous ces personnages figés, tous différents les uns des autres et qui nous lancent un regard interrogateur. Le temps s'est arrêté depuis 2 200 ans soit, à l'époque d'Hannibal en Europe et du premier empereur en Chine !

Guy

BUDGET DU JOUR-9	PRÉVUS	PAYÉS
Coûts détaillés dans le « programme d'activités » du JOUR-9	937元	....
Autres _____	20元	....
Total pour 2 personnes	957元	....

VOTRE CARNET DE VOYAGE

Xi'an centre 西安中心

0 ⟶ 2 km

N

🚌 5 ➊

陆稻,
西把路 80

解放路

Lianhu Lu

Jiefang Lu

大清真寺 | Xinjie 新界

Quartier Musulman | 🍴 ⓭

➑ ➐ | 钟楼 | Dong Dajie

鼓楼 | ➏

碑林博物馆

南门 | ➍ | ➌

➎ | 🚶 | 城墙 | ➋

➒

Nanguan Zhengjie

Wenyi Lu

Youyi Xilu | Youyi Donglu

历史博物馆 Musée d'Histoire

Xiaozhai Donglu ➓

⓬ 🚌 609

Grande Pagode de
l'Oie sauvage | ⓫ | Yanyin Gone

大雁塔

PROGRAMME D'ACTIVITÉS

COÛT /
2 PERS.

En avant-midi : Balade à pied dans Xi'an intra-muros

1 Départ avec le 🚌 no 5 sur la belle rue Jiefang Lu.

2元

2 Descendre du bus et se rendre 🚶 aux imposants remparts Sud.

3 Ni hao aux aînés qui font leurs exercices au parc.

4 Découverte de l'ancien temple de Confucius et de sa forêt des Stèles (prévoir 2 heures).

60元

5 Observer avec ses jumelles, l'impressionnante porte Sud et sa grande place.

6 Observer le contraste entre la vieille tour de la Cloche et sa place moderne.

7 En passant par la tour du Tambour et le souk...

8 aller découvrir la surprenante Grande Mosquée sino-musulmane. Pique-niquer sur place.

24元

En après-midi : Balade dans Xi'an extra-muros

9 Revenir à la porte Sud **5**, la franchir et faire l'expérience du cyclo-pousse électrique...

🧮 10元

10 jusqu'au musée d'Histoire ; l'un des plus fascinants musées de Chine à découvrir (2 heures). Sortir du musée, prendre un taxi...

70元

9元

11 pour aller visiter la Grande Pagode de l'Oie sauvage et grimper à son sommet.

50元
10元

12 Retour en 🚌 no 609 jusqu'à la tour de la Cloche. **6**

2元

En soirée : Balade à pied dans le quartier musulman

13 Dîner à un restaurant terrasse (bière, brochettes) et revenir à l'hôtel en taxi.

20元
9元

COÛTS TOTAUX DES ACTIVITÉS DU JOUR-9+ **256元**

QUELQUES EXPÉRIENCES

... à la Grande Mosquée chinoise de Xi'an

... en disant «Ni hao» aux aînés qui font leurs exercices au parc

CARNET DE VOYAGE DES AUTEURS

Xi'an, celle qui a bravé le temps et les hommes !

Découverte à pied de l'ancienne cité où les aînés chinois s'animent en faisant de la gymnastique. Cité qui se distingue du reste du monde par son quartier musulman animé à la chinoise et par sa Grande Mosquée à l'architecture chinoise. Après la visite du super musée d'Histoire et d'une non moins superbe pagode, on retourne au centre-ville déambuler dans le dédale des Hutong.

Nicole

BUDGET DU JOUR-9+	PRÉVUS	PAYÉS
Hôtel	120元	....
Coûts détaillés dans le « programme d'activités » du JOUR-9+	256元	....
Autres _____	20元	_____
Total pour 2 personnes	**396元**	....

VOTRE CARNET DE VOYAGE

BEIJING
JOUR-11
JOUR-12
JOUR-12+

JOUR-10

XI'AN
JOUR-9
JOUR-9+

CHINE

TRAIN DE
NUIT
JOUR-13

JOUR-8

ZHOUZHUA
JOUR-16+

SUZHOU
JOUR-15

SHAN
JOUR-
JOUR-

HONGCUN
JOUR-13++

HUANG SHAN
JOUR-13+++

TONGLI
JOUR 16

XIDI
JOUR-13++

HANGZHOU
JOUR-14

TUNXI
JOUR-13+

GUILIN
JOUR-5

YÁNGSHUÒ
JOUR-6
JOUR-6+

XINGPING
JOUR-7

GUANGZHOU
JOUR-4

HONG KONG
JOUR-2 ARRIVÉE
JOUR-3
JOUR-3+

DÉPART
JOUR-1

LOGISTIQUE

► Sac à dos balade et sac à dos voyage ; inclure le kit du petit déj., un surplus d'eau, de fruits secs et des provisions pour le voyage en train
► Prévoir aussi des soupes-repas instantanées ; l'eau chaude est disponible dans le train

PROGRAMME D'ACTIVITÉS

COÛT /
2 PERS.

Fermer la chambre à Xi'an.

Se rendre à la gare ferroviaire à pied (voir carte JOUR-9
point ❶). Si l'on dispose de temps avant le départ, mettre
les bagages à la consigne pour une promenade (1 heure)   11元
sur la muraille de Xi'an (accès en face de la gare).   24元
⚠ S'assurer d'être de retour à la gare une heure avant
le départ du train.

Utiliser le billet pour obtenir les informations requises
pour prendre le train pour Beijing (voir l'exemple
de descriptif d'un billet de train au bas de cette page).

Durant le trajet, prévu de 15 heures, en profiter
pour relaxer et échanger avec les passagers chinois.
À bord du train, manger ses provisions (voir logistique)
ainsi que la nourriture et breuvages embouteillés vendus
par des employés de la compagnie ferroviaire.   25元

COÛTS TOTAUX DES ACTIVITÉS DU JOUR-10   **60元**

date de départ — ville d'origine — heure de départ — ville de destination — no du train

prix

no du wagon

no du siège ou de la couchette

QUELQUES EXPÉRIENCES

... avec la Chine d'hier
(muraille de Xi'an)

... avec la Chine de demain

CARNET DE VOYAGE DES AUTEURS

Xi'an – Beijing en train, le contraste des générations

Un nouveau départ ! Après une visite de la muraille de Xi'an, chef-d'œuvre de la main de l'homme, on quitte cette ville au passé deux fois millénaire pour à nouveau tenter de comprendre l'évolution et l'affirmation surprenantes de sa jeunesse à l'allure occidentale. Jeunesse différente de par sa culture qui heurte nos idées préconçues. Ils sont tout de même comme tous les autres jeunes du monde. À bas les préjugés !

Nicole

BUDGET DU JOUR-10	PRÉVUS	PAYÉS
Coûts détaillés dans le « programme d'activités » du JOUR-10	60元	....
Autres _____	40元	....
Total pour 2 personnes	100元	....

VOTRE CARNET DE VOYAGE

Beijing centre 　北京中心

0 ▭▬▬▬ 500m

↑ N

5 Colline de Charbon

景山公園

Wangfujing Dajie

Dengshikou Xijie

Xisi Nandajie

Fuyou Jie

Cité interdite

紫禁城

王府井大街

7

4 🚶

Jianguomeenni Dajie

Place Tiananmen

3

天安门广场

Ⓜ Quianmen

Gare ferroviaire de Beijing vers Hangzhou et Tu

Quianmen Xidajie

Xianyukou

2 🚶

Leo Hostel 🏠

大栅栏街西街52前门

1

← 5 km
Vers gare ferroviaire pour Xi'an

Tiantan Lu

前门大街　Qianmen Dajie

Temple du Ciel

天堂公园

6

🚌 120

Yongdingmen Dongjie

▽ LOGISTIQUE

▸ Coordonnées de l'hôtel-point de chute : Leo Hostel, 52 Da Zha Lan Xi Jie
Qianmen, Xuanwu Qu, Beijing. Tél.: (010) 6303-1595
Site internet : www.leohostel.com

▸ S'informer à l'hôtel des forfaits disponibles pour visiter le lendemain l.
Grande Muraille et les tombeaux des Ming (200元/pers, transport et e

▸ Sac à dos balade et prévoir passer au ATM dans la journée (sug. 2000元

BEIJING, CAPITALE CONQUÉRANTE AU PASSÉ IMPÉRIAL

PROGRAMME D'ACTIVITÉS

COÛT /
2 PERS.

En avant-midi : Place Tiananmen et la Cité interdite

1 Arrivée à la gare ouest, 🚦 aller à la billetterie pour acheter les billets de train de nuit pour Hangzhou (durée 15 heures) ou Tunxi (durée 21 heures), voir JOUR-13. 🚦 Acheter une carte de Beijing (avec circuits bus et métro, en anglais et chinois). Prendre un taxi...

726元
(646元)
🖩 5元
22元

2 jusqu'à l' 🏠 Leo Hostel et s'y installer. Demander la liste des excursions organisées par l'hôtel.

🖩 230元

3 Se rendre 🚶 à la place Tiananmen (la plus grande place publique du monde).

4 Visiter la légendaire Cité interdite (durée 2 heures).

120元

En après-midi : Colline de Charbon et temple du Ciel

5 Au sortir de la Cité interdite, aller 🚶 pique-niquer à la colline de Charbon (panorama inoubliable). Prendre un taxi...

15元

6 jusqu'au temple du Ciel (visite 2 heures). Retourner par le 🚌 120 à l' 🏠 **2** .

70元
4元

En soirée : Canard laqué ou brochettes de scorpions

7 Dîner au canard laqué avec bière, dans un petit restaurant avoisinant le Leo Hostel **2** . Balade 🚶 jusqu'à la rue piétonne Wangfujing Dajie : nombreux magasins et 🚦 ne pas rater les rues secondaires avec les boutiques exotiques (magie, brochettes de scorpions ou hippocampes vivants, etc.). Retourner en taxi à l' 🏠 **2** .

40元

10元

COÛTS TOTAUX DES ACTIVITÉS DU JOUR-11 **1242元**

QUELQUES EXPÉRIENCES

... au garde-à-vous à la place Tiananmen

... brochettes de scorpions ou hippocampes vivants (bien frais)

CARNET DE VOYAGE DES AUTEURS

Beijing, salutation mais pas d'invitation impériale

Aujourd'hui, un retour dans la Chine du passé. Au passage, sur la place Tiananmen, nous saluons Mao et sans invitation impériale, nous avons le sentiment de nous immiscer dans la vie des empereurs de Chine en franchissant les portes de la Cité interdite. Le défi ne s'arrête pas là ! On poursuit, pour casser la croûte, sur la colline de Charbon où l'on découvre un panorama magnifique sur Beijing. Nous terminons par la visite du temple du Ciel, passage de plénitude entre le monde humain et le monde divin. Relaxation et méditation au passage!

Nicole

BUDGET DU JOUR-11	PRÉVUS	PAYÉS
Coûts détaillés dans le « programme d'activités » du JOUR-11	1242元	
Autres _____	40元	
Total pour 2 personnes	1282元	

VOTRE CARNET DE VOYAGE

Environs de Beijing 北京地区

0 ▭▭▭▭▭ 30 km

N

Grande Muraille
Mutianyu
慕田峪

八达岭 长城

十三 陵

4 Grande Muraille
Badaling
大达岭

919

3 Tombeaux des
Ming

2 Changping
昌平

314
919

Hudongshi
互动水

颐和园
Yihe Yuan
Palais d'Été

375

Beijing
1
北京

345
919
05

Wudaokou

ligne 13

Jishuitan
积水潭地铁站

Yonghegong

M

Boul. Porte Deshengmen

Xizhimen

**Section du métro
de Beijing**
1

Voir point **2** carte JOUR-11

Qianmen
前门地铁站

▸ Sac à dos balade et provisions, surplus d'eau pour le pique-nique
à la Grande Muraille

PROGRAMME D'ACTIVITÉS

COÛT /
2 PERS.

En avant-midi : Les tombeaux des Ming

À défaut du forfait de Leo Hostel, s'y rendre soi même.

1 Le matin, partir vers 7h00, prendre le 🅜 à la station Qianmen
(voir carte JOUR-11 🅜) jusqu'à la station 🅜 Jishuitan.   8元
De là prendre le 🚌 345 de l'autre côté du boul. de la Porte   8元
Deshengmen (durée du trajet : 1 heure et demie).

2 Arrivée à Changping. De là prendre le 🚌 314...   8元

3 jusqu'aux tombeaux des Ming (Tombe Ding Ling à visiter   60元
30 minutes, mi-tarif pour les 60 ans et +). À la sortie,   🖩 10元
négocier un taxi pour aller à la tombe Chang Ling (visite   45元
30 minutes). Par la suite, négocier un taxi pour se rendre   🖩 10元
à la voie des Esprits Shendao (visite 30 minutes). À la   60元
sortie, renégocier un taxi pour retourner à Changping **2**   🖩 10元

En après-midi : La Grande Muraille

4 De là, prendre le 🚌 919 pour la Grande Muraille Badaling   10元
(le site le plus facilement accessible). Pique-niquer avant
la visite. Après la visite de la Grande Muraille (durée 2 heures), 100元
revenir avec le 🚌 919 à Beijing (Porte Deshengmen). Prendre   10元
le 🚌 05 – trajet magnifique jusqu'à la place Tiananmen   8元
(voir carte JOUR-11), éclairée le soir (à voir sans faute).

En soirée : Dîner au resto du coin

Retour à l' 🏠 (voir carte JOUR-11 **2**) et dîner dans un resto   40元
du coin (mets savoureux).

COÛTS TOTAUX DES ACTIVITÉS DU JOUR-12   **387元**

QUELQUES EXPÉRIENCES

... sur la voie des Esprits

... à la Grande Muraille
avec des amis

CARNET DE VOYAGE DES AUTEURS

*Beijing, « Muraille et Nécropoles » faites de main d'hommes
et symboles de la civilisation chinoise*

*Devant nous, un long ruban serpente au milieu des monta-
gnes; murailles crénelées flanquées de tourelles à mâchicou-
lis. Eh oui ! C'est la Grande Muraille, paysage digne de
cartes postales qui se laisse même deviner du haut des airs,
du haut de l'espace. Notre visite ne se termine pas là! La
voie des Esprits, passage incontournable et historique des
Ming, là où des géants de pierre sont au garde-à-vous tout
en surveillant leurs nécropoles impériales. Défis du temps !*

Nicole

BUDGET DU JOUR-12	PRÉVUS	PAYÉS
Hôtel	230元	....
Coûts détaillés dans le « programme	387元	....
d'activités » du JOUR-12		....
Autres _____	_____	_____
Total pour 2 personnes	**617元**	....

VOTRE CARNET DE VOYAGE

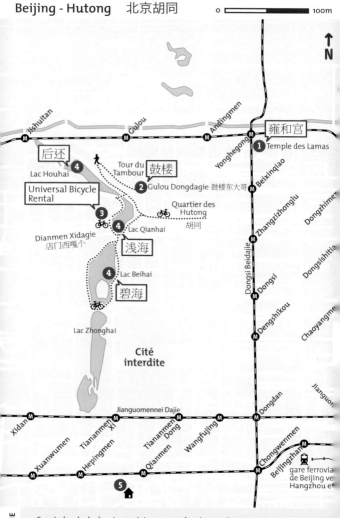

Beijing - Hutong 北京胡同

0 ▭▬▬ 100m

↑ N

雍和宫
1 Temple des Lamas

Jishuitan Gulou Andingmen

Yonghegong
Beixinqiao
Zhangzizhonglu
Dongzhime

后还
4
Lac Houhai

Tour du Tambour
鼓楼
2 Gulou Dongdagie 鼓楼东大哥

Universal Bicycle Rental
3

Quartier des Hutong
胡同

4 Lac Qianhai

Dongsi Beidajie

Dongsi
Dongsishitia

Dianmen Xidagie
店门西嘎个

浅海

4 Lac Beihai

碧海

Denghshikou
Chaoyangme

Lac Zhonghai

Cité interdite

Dongdan
Jianguon

Jianguomennei Dajie

Xidan Xuanwumen Tiananmen Xi Tiananmen Dong Wangfujing

Hepingmen Qianmen Chongwenmen Beijingzhan

gare ferrovia
de Beijing ve
Hangzhou e

5 🏠

▸ Sac à dos balade et provisions pour le pique-nique
▸ Prévoir passer au ATM dans la journée (sug. 2000元)

PROGRAMME D'ACTIVITÉS

COÛT /
2 PERS.

En avant-midi : Palais d'Été de Cixi, l'impératrice concubine

Prendre le Ⓜ Qianmen (carte métro JOUR-12), changer à la   6元
station Xizhimen et prendre la ligne 13 jusqu'à Wudaokou.
Prendre le 🚌 375 jusqu'au palais d'Été. Parcours suggéré pour   8元
la visite de ce merveilleux site : jardins de l'Intérêt harmonieux, 30元
la colline de la Longévité et son pavillon bouddhique, le
bateau de marbre de Cixi (prendre une glace), le palais des   12元
Nuages abandonnés et la longue galerie. Prévoir 3 heures   20元
pour la visite (pique-nique sur place compris).

En après-midi : Temple des Lamas et les Hutong

Reprendre le 🚌 375 jusqu'au métro Wudaokou (carte métro   8元
JOUR-12), changer à Xizhimen et poursuivre...   6元

❶ jusqu'à Yonghegong. Au sortir du métro, aller visiter   50元
le temple des Lamas, (prévoir 1 heure). Prendre un taxi...   11元

❷ jusqu'à la tour du Tambour pour une promenade 🚶
autour des lacs Houhai et Qianhai (voir points ❹).

❸ Possibilité de louer une 🚲 au Universal Bicycle Rental
(10元/hre, caution 500元) pour une randonnée autour   40元
des lacs et dans les Hutong. Voir carte pour le parcours
suggéré.

En soirée : Dîner aux lacs Houhai, Quianhai et Beihai

❹ Poursuite de la balade autour des lacs Houhai, Qianhai,
Beihai. Dîner et soirée dans le quartier.   80元

❺ Retour à l' 🏠 Leo Hostel en taxi.   11元

COÛTS TOTAUX DES ACTIVITÉS DU JOUR-12+   **282元**

QUELQUES EXPÉRIENCES

... face au bateau de marbre de Cixi

... avec une petite chinoise sur le site du palais d'Été

CARNET DE VOYAGE DES AUTEURS

Beijing, parcours royal et folie des grandeurs !

Il flotte au bord de l'immense lac Kunming au pied de la colline de la Longévité, cet étonnant bateau de marbre de l'impératrice concubine Cixi. Eh oui ! On a visité l'incontournable site du palais d'Été. On poursuit la visite en allant jeter un coup d'œil sur le « temple des Lamas ». C'est un ancien palais impérial de la dernière dynastie qui a échappé aux destructions de la révolution culturelle. À l'affût de découvertes, une balade en bicyclette dans les Hutong et autour des lacs urbains s'imposait. On finit en beauté, on s'offre un copieux repas au canard laqué.

Guy

BUDGET DU JOUR-12+	PRÉVUS	PAYÉS
Hôtel	230元	....
Coûts détaillés dans le « programme d'activités » du JOUR-12+	282元	....
		....
Autres _____	60元	_____
Total pour 2 personnes	572元	....

VOTRE CARNET DE VOYAGE

BEIJING
JOUR-11
JOUR-12
JOUR-12+

JOUR-10

XI'AN
JOUR-9
JOUR-9+

CHINE

TRAIN DE
NUIT
JOUR-13

JOUR-8

SUZHOU
JOUR-15

ZHOUZHUAN
JOUR-16+

SHANG
JOUR-17
JOUR-1

HONGCUN
JOUR-13++

HUANG SHAN
JOUR-13+++

TONGLI
JOUR-16

HANGZHOU
JOUR-14

D
JC

XIDI
JOUR-13++

TUNXI
JOUR-13+

GUILIN
JOUR-5

YÁNGSHUÒ
JOUR-6
JOUR-6+

XINGPING
JOUR-7

GUANGZHOU
JOUR-4

HONG KONG
JOUR-2 ARRIVÉE
JOUR-3
JOUR-3+

DÉPART
JOUR-1

↑
N

LOGISTIQUE

▸ Sac à dos balade et sac à dos voyage ; inclure le kit du petit déj., un
  surplus d'eau, de fruits secs et des provisions pour le voyage en train
▸ Prévoir aussi des soupes-repas instantanées ; l'eau chaude est
  disponible dans le train

PROGRAMME D'ACTIVITÉS | COÛT / 2 PERS.

Fermer la chambre à Beijing.

Demander à l'hôtel d'appeler un taxi pour aller à la gare fer- | 10元
roviaire. ⚠ S'assurer d'arriver à la gare desservant Hangzhou
et Tunxi une heure à l'avance (voir carte JOUR-11).

Utiliser le billet pour obtenir les informations requises pour
prendre le train pour Hangzhou ou Tunxi (voir l'exemple de
descriptif d'un billet de train au bas de cette page).

Durant le trajet, prévu de 15 heures pour Hangzhou (21 heures
pour Tunxi), en profiter pour relaxer et échanger avec les passagers chinois.

À bord du train, manger ses provisions (voir logistique) ainsi
que la nourriture et breuvages embouteillés vendus par les | 60元
employés de la compagnie ferroviaire.

COÛTS TOTAUX DES ACTIVITÉS DU JOUR-13 | **70元**

date de départ   ville d'origine   heure de départ   ville de destination   no du train

prix   no du wagon   no du siège ou de la couchette

QUELQUES EXPÉRIENCES

... en relaxant dans le train

... en train couchette « hard »

CARNET DE VOYAGE DES AUTEURS

Beijing — Tunxi, le petit train va loin !

On relaxe, on planifie notre séjour et on décide. Quelles belles expériences enrichissantes et chaleureuses que de prendre le train et d'échanger par gestes, images et sourires avec nos compagnons chinois.

Guy

BUDGET DU JOUR-13	PRÉVUS	PAYÉS
Coûts détaillés dans le « programme d'activités » du JOUR-13	70元	....
Autres _____	40元	_____
Total pour 2 personnes	110元	....

VOTRE CARNET DE VOYAGE

Tunxi centre 屯溪中心

0 ⬜⬜⬜⬜⬜ 500m

N ↑

① Gare de train de Tunxi

🚶 屯溪车站

② 🏠

屯溪旅店

Qian Yuan Beilu 前园北路

Gare de vers Han

Hengjiang 横江

Vieille ville Tunxi

古老桥梁

Ancien pont 🚶

gu lao jie dao 古老街道

🏧

🛒

CITS

④

③

中国国际 陆姓社

Xin qiaoliang 新桥梁

Xin'an jiang 西南江

LOGISTIQUE

▷ Coordonnées des hôtels-points de chute à Tunxi : Tunxi Hotel ou Jiangnan Hotel, voisins sur la Quian Yuan Beilu, à 100 mètres de la gare ferroviaire de Tunxi

▷ Sac à dos balade, apporter de la nourriture pour un pique-nique, un surplus d'eau et des fruits secs

▷ Réservation au CITS pour le sommet du Huang Shan : Shilin Fandian Hotel, Tél. : (0559) 558-4040

▷ Réservation au CITS d'un taxi-guide pour le lendemain pour la visite de Xidi, Hongcun et se rendre au Huang Shan ; coordonnées du taxi-guide que nous avions utilisé : cell. 139-5597-0142, demander Jane (elle parle bien l'anglais)

PROGRAMME D'ACTIVITÉS

COÛT /
2 PERS.

En avant-midi : Arrivée et installation à Tunxi

1 À l'arrivée à la gare de Tunxi, se rendre 🚶 ...

2 à l' 🏠 Tunxi à 100 mètres en face de la gare.
S'y installer. Prendre un taxi ...

100元
6元

3 pour aller au CITS (China International Travel Service)
de la vieille ville. Avec un employé du CITS parlant
l'anglais, faire la réservation du lendemain soir pour le
Shilin Fandian Hotel situé au sommet du Huang Shan.
Négocier aussi au CITS la réservation d'un taxi-guide
s'exprimant en anglais (300元), ▽ payable à la fin du
parcours. Demander que le taxi-guide arrive à l'hôtel à
9h00 le lendemain, pour les visites des villages de Xidi
et Hongcun, de manière à arriver au téléphérique Est
du Huang Shan avant 15h00.

800元

En après-midi : Visite de la vieille ville de Tunxi

4 Suivre le parcours proposé sur la carte de gauche.
Pique-niquer à l'ancien pont. En profiter pour aller au
ATM (sug. 2000元) et acheter des provisions 🛒 pour les
2 prochains jours. Retourner à l' 🏠 **2** en taxi.

150元
5元

En soirée : Dîner et repos à l'hôtel

Dîner dans un restaurant avoisinant l' 🏠. Préparer pour
le lendemain : 2 sacs à dos, kit du petit déj., de la nourriture, lampe frontale, jumelles et le nécessaire (vêtements
chauds) pour une nuitée en montagne.

40元

COÛTS TOTAUX DES ACTIVITÉS DU JOUR-13+   **1101元**

QUELQUES EXPÉRIENCES

... dans les paysages de cultures de Tunxi

... dans Hongcun, un village aux environs de Tunxi

CARNET DE VOYAGE DES AUTEURS

Tunxi, parfum et paysages

Tunxi, c'est la petite ville servant de base pour l'exploration des montagnes Jaunes, en chinois Huang Shan, les plus célèbres montagnes sacrées de Chine. La vieille ville est agréable aussi à visiter en raison de son marché très coloré et très odorant. Aux alentours, les pittoresques paysages sont dignes de cartes postales.

Nicole

BUDGET DU JOUR-13+	PRÉVUS	PAYÉS
Coûts détaillés dans le « programme d'activités » du JOUR-13+	1101元	....
Autres _____	———	....
Total pour 2 personnes	1101元	....

VOTRE CARNET DE VOYAGE

N

voir carte JOUR-13+++

Mt. Huang Shan
黄山 **3**

Tangkou
塘口

🚕

Hongcun
红村 ●

Nanping
南平 ●

2

Xidi
洗涤 ●

Huizhou
惠州 ●

1 ← 🚕

Tunxi
屯溪 ●

LOGISTIQUE

▸ Réserver à l'hôtel Shilin Fandian un manteau chaud (dépôt 200元) pour assister au lever du soleil du lendemain; s'informer de l'heure du lever du soleil
▸ Prévoir passer au ATM au sommet de la montagne (sug. 2000元)

PROGRAMME D'ACTIVITÉS

COÛT /
2 PERS.

En avant-midi : Xidi et Hongcun, villages reconnus comme patrimoine mondial par l'UNESCO

À Tunxi, petit déj. et fermer la chambre avant l'arrivée du taxi-guide à 9h00. Avec le taxi-guide passer à la gare longue distance 🚌 (voir JOUR-13+) pour mettre les 2 gros bagages à la consigne (pour 48 heures); ne conserver que les 2 sacs à dos pour l'excursion au Huang Shan.

10元

1 Entreprendre le magnifique parcours 🚕 d'une heure ; demander au taxi-guide d'identifier les différents champs de cultures.

2 Visiter les villages de Xidi (durée 1h30) et Hongcun (1h30) faisant partie du patrimoine mondial de l'UNESCO ; 🆅 demi-tarif pour les 60 ans et plus. Payer le droit de séjour. Pique-niquer à l'un des villages.

80元
80元
100元

En après-midi : Au sommet des montagnes Jaunes, lieux d'inspiration pour les poètes et peintres chinois

3 S'assurer (voir carte JOUR-13 +++) d'arriver au téléphérique Est du temple de la Vallée nuageuse (Yungusi) 🆅 avant 15h00. Payer le taxi-guide. Acheter les billets pour la montée et payer les droits de séjour et d'entrée. 🆅 Demander la priorité de montée et le rabais pour les 60 ans et plus.

300元
130元
200元

4 Au sommet, observer les magnifiques paysages en se rendant à l' 🏠 Shilin Fandian. S'y installer.

En soirée : Coucher de soleil sur les pics embrumés

5 🆅 Prévoir lampe de poche, acheter la carte des montagnes et deux bâtons de randonnée pour aller observer l'exceptionnel coucher de soleil au Red Cloud Peak ; randonnée inoubliable. Retour l' 🏠 **4**.

🧮 3元
🧮 10元

COÛTS TOTAUX DES ACTIVITÉS DU JOUR-13++   **913元**

QUELQUES EXPÉRIENCES

... à Hongcun, village reconnu comme patrimoine mondial de l'UNESCO

... au haut des montagnes Jaunes (Huang Shan), site reconnu comme patrimoine mondial de l'UNESCO

CARNET DE VOYAGE DES AUTEURS

Xidi et Hongcun à l'architecture typique de l'ancienne Chine

Xidi et Hongcun, sont deux villages classés au patrimoine de l'Unesco. Xidi possède une magnifique porte trônant à l'entrée du village. De jeunes peintres croisés dans la promenade s'y sont installés pour fixer sur la toile la beauté des lieux. Pour accéder à Hongcun, il faut traverser un petit pont de pierre en forme de dos d'âne qui surplombe un lac parsemé de lotus. Le cadre est enchanteur. Coup de cœur pour ces deux villages ! En fin d'après-midi, on arrive aux pieds des montagnes Jaunes. Avant la tombée de la nuit, on s'aventure dans les sentiers à la poursuite du coucher de soleil. Un grand chemin piétonnier dallé de pierres en granite nous y conduit : c'est tout simplement grandiose.

Nicole

BUDGET DU JOUR-13++	PRÉVUS	PAYÉS
Coûts détaillés dans le « programme d'activités » du JOUR-13++	913元	....
Autres _____		....
Total pour 2 personnes	913元	....

VOTRE CARNET DE VOYAGE

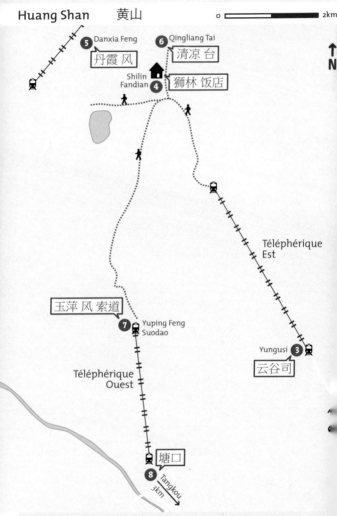

Huang Shan 黄山

0 |————————| 2km

N

5 Danxia Feng
丹霞 风

6 Qingliang Tai
清凉 台

Shilin
Fandian
4 狮林 饭店

Téléphérique
Est

玉萍 风 索道

7 Yuping Feng
Suodao

Téléphérique
Ouest

Yungusi
3
云谷司

塘口
8 Tangkou
3km

LOGISTIQUE

▸ Coordonnées de l'hôtel–point de chute : Hangzhou Jindao Hotel
(Voir JOUR-14) Tél.: (0571) 8521-6000

PROGRAMME D'ACTIVITÉS

COÛT /
2 PERS.

En avant-midi : Lever spectaculaire du soleil dans une mer de nuages et de pics

6 ▽ Lever tôt et aller à la terrasse de la Brise fraîche pour assister à l'incroyable lever du soleil. ▽Apporter une lampe de poche et des jumelles. Au retour, remettre à l'hôtel le manteau (▽récupérer le dépôt 200元). Prendre petit déj. et fermer la chambre.

7 Reprendre les 2 sacs à dos et entreprendre l'excursion à en couper le souffle (3 heures) menant au téléphérique Ouest du pic de l'Écran de jade. Pique-niquer en route.

130元

En après-midi : En route vers Tunxi, beaux paysages

8 Une fois au bas du téléphérique, prendre la navette jusqu'à la gare de Tangkou. Puis, prendre le bus pour Tunxi (1h30 de beaux paysages de cultures). À la gare de 🚌 de Tunxi (voir carte JOUR-13+), récupérer les bagages à la consigne et prendre le bus pour Hangzhou (durée 6 heures).

20元
26元

110元

En soirée : Arrivée à Hangzhou

À l'arrivée à Hangzhou (voir JOUR-14), montrer le nom de l'hôtel–point de chute au chauffeur de taxi (rabatteur) qui vous y conduira. S'installer à l'hôtel et aller manger dans un restaurant avoisinant. Repos bien mérité

🖩 10元
🖩 150元
50元

Pour la suite du voyage, reprendre au JOUR-14.

COÛTS TOTAUX DES ACTIVITÉS DU JOUR-13+++ **496元**

QUELQUES EXPÉRIENCES

... en trekking dans les montagnes du Huang Shan

... en route vers le téléphérique Oues

CARNET DE VOYAGE DES AUTEURS

Huang Shan, on s'accroche aux montagnes sacrées

La brume matinale laisse percer l'exceptionnel et réputé lever du soleil sur les montagnes du Huang Shan. Ouf ! Ouf ! Petit déj. puis c'est le trekking. On entreprend notre descente du Huang Shan. Impressionnant de passer d'une montagne à l'autre et de suivre des sentiers qui longent le vide. On se croirait dans un pèlerinage, en plein ressourcement.

Guy

BUDGET DU JOUR-13+++	PRÉVUS	PAYÉS
Coûts détaillés dans le « programme d'activités » du JOUR-13+++	496元	....
Autres _____		....
Total pour 2 personnes	**496元**	....

VOTRE CARNET DE VOYAGE

Hangzhou centre 杭州中心

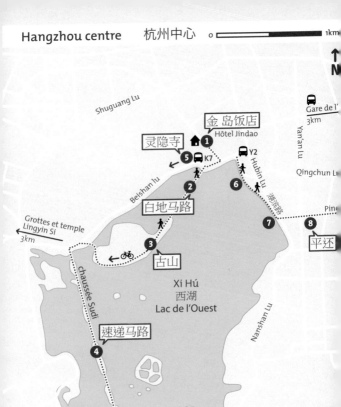

Shuguang Lu

Beishan lu

灵隐寺

金 岛饭店
Hôtel Jindao

K7

❶

❺

❷

白地马路

Grottes et temple
Lingyin Si
3km

chaussée Sudi

❸

古山

Xi Hú
西湖
Lac de l'Ouest

速递马路

❹

Nanshan Lu

Y2

❻

Gare de l'
3km

Yan'an Lu

Qingchun Lu

Hubin Lu

延安路

Ping

❼

❽

平还

Nanshan Lu

1km

N

LOGISTIQUE

▸ Coordonnées de l'hôtel-point de chute : Hangzhou Jindao Hotel
  Tél.: (0571) 8521-6000
▸ Sac à dos balade, un surplus d'eau et des fruits secs
▸ Prévoir passer au ATM en soirée (sug. 2000元)

PROGRAMME D'ACTIVITÉS

COÛT / 2 PERS.

En avant-midi : Visite avec les touristes chinois du lac de l'Ouest en bateau et à bicyclette

1 À l'arrivée à la gare routière de Hangzhou, montrer le nom de l' 🏠 Jindao au chauffeur de taxi (rabatteur) qui vous y conduira. S'installer à l'hôtel.

10元
150元

2 Se rendre 🚶 à la chaussée Baidi. Offrir à des touristes chinois de partager le coût d'une randonnée en bateau à rames sur le lac de l'Ouest (Xi Hu) (150元 pour 1h30).

60元

3 De retour, aller 🚶 à la colline Gu Shan. Y prendre une glace et louer deux 🚲 pour 1 heure. Un dépôt de 300元 par bicyclette sera exigé.

13元
20元

4 Rejoindre à 🚲 les cyclistes chinois dans une balade aller-retour sur la chaussée Sudi. Remettre les vélos au point **3** et 🚻 récupérer le dépôt. Prendre un lunch sur une terrasse, face au lac.

30元

En après-midi : Grottes sculptées et temple Lingyin (un des plus grands de Chine)

5 Aller sur Beishan Lu prendre le 🚌 K7 ou Y1 pour se rendre aux impressionnantes grottes et au temple de Lingyin (durée de la visite 2 heures). Retour en 🚌 Y2 ...

4元
70元
60元
4元

En soirée : Jeu d'eau – lumière sur le lac de l'Ouest

6 jusqu'à la rue Hubin Lu. Promenade sur le bord du lac ; 🚻 arriver à temps pour y admirer le coucher du soleil en sirotant une bière à une terrasse.

15元

7 Se rendre 🚶 pour 19h30 en face de la rue Pinghai pour un jeu d'eau - lumière et musique sur le lac.

8 Balade 🚶 sur la rue commerciale Pinghai. Y dîner. Retour en taxi à l' 🏠 **1**. .

40元
10元

COÛTS TOTAUX DES ACTIVITÉS DU JOUR-14 **486元**

QUELQUES EXPÉRIENCES

... avec nos compagnons de randonnée sur le lac de l'Ouest

... à bicyclette autour du lac de l'Ouest

CARNET DE VOYAGE DES AUTEURS

Hangzhou, l'éblouissement !

Hangzhou, à l'époque des Ming, était sûrement très différente de la moderne d'aujourd'hui mais lorsqu'on arrive au bord du lac de l'Ouest, un profond sentiment de reculer dans le temps nous envahit. Allons y faire une balade en embarcation que l'on partage avec trois Chinoises. Le lac est entouré de collines boisées auxquelles s'agrippent de petits temples et de petites pagodes. Ce n'est pas assez. On fait le tour du lac en vélo. Après une excursion à d'impressionnantes grottes sculptées, nous allons découvrir le centre-ville d'Hangzhou, son bord de lac animé d'un jeu d'eau et musique, ses larges trottoirs bordés de boutiques, de restaurants et de cafés terrasse. Ça vaut vraiment le détour !

Guy

BUDGET DU JOUR-14	PRÉVUS	PAYÉS
Coûts détaillés dans le « programme d'activités » du JOUR-14	486元	
Autres _____	30元	
Total pour 2 personnes	**516元**	

VOTRE CARNET DE VOYAGE

Suzhou centre 苏州中心

0 ━━━━━━━━━━ 1km

Gare ferroviaire

Chezhan Lu

拙政园 Jardin de la Politique des Simples
5

Dongbei Jie

Pingjiang

Renmin Lu 人民路

如家酒店，
人民路,246

Home Inn 🏠 **3** Guanqian Jie

2 🚌 103

打井向

Ganjiang Lu

Wuzhou Lu

Renmin Lu 人民路

Shiquan

Jardin du Maître des Filets **4**   **6**

网师园   十全 街

Zhuhui Lu

大运河小船票

7

1 🚌 103
Gare Sud de Suzhou
(200 mètres)

LOGISTIQUE

▸ Coordonnées de l'hôtel-point de chute: Hôtel Home Inn, 246, Guanqian Jie, Suzhou, Tél.: (0512) 6523-8770
▸ Sac à dos balade
▸ Prévoir passer au ATM dans la journée (sug. 2000元)

PROGRAMME D'ACTIVITÉS

COÛT /
2 PERS.

En avant-midi : Trajet en bus Hangzhou – Suzhou

Départ de Hangzhou : fermeture de la chambre et ⚠ récupération du dépôt (150元). Prendre un taxi jusqu'à la gare de l'Est (voir carte JOUR-14); observer le développement impressionnant de la ville. Prendre le bus pour Suzhou (départ toutes les heures).

25元

120元

1 Après 2 heures d'autoroute, arrivée à la gare Sud de Suzhou. ⚠ Acheter une carte de Suzhou (avec les circuits de bus, anglais-chinois). Prendre le 🚌 103 face à la gare.

🧮 5元
4元

2 Descendre à l'arrêt de 🚌 Dajing Xiang...

3 et se rendre à l' 🏠 Home Inn. S'y installer. Prendre une bouchée dans ce quartier animé.

🧮 200元
30元

En après-midi : Les plus célèbres jardins de Chine

4 Prendre un taxi pour aller visiter le jardin du Maître des Filets (le plus petit mais le plus beau jardin).

10元
60元

5 Reprendre un taxi pour aller visiter l'élégant jardin de la Politique des Simples ; plan disponible à l'entrée.

10元
140元

6 Revenir en 🚲 cyclopousse par Pingjiang Lu jusqu'à Shiquan Jie, dîner dans cette rue vivante et pleine de boutiques.

🧮 20元
65元

En soirée : Sur les canaux illuminés de Suzhou

7 Se rendre en taxi pour la croisière de nuit du Grand Canal pour 19h30. À la billetterie, ⚠ acheter aussi les billets pour la croisière du lendemain pour Tongli. Retour en taxi à l' 🏠 **3** .

10元
90元
296元
10元

COÛTS TOTAUX DES ACTIVITÉS DU JOUR-15   **1 095元**

QUELQUES EXPÉRIENCES

... au jardin du Maître des Filets

... la nuit sur les canaux de Suzhou

CARNET DE VOYAGE DES AUTEURS

Suzhou, la « Venise » de Chine

Cette agglomération, baignée d'eau, possède une architecture
et des jardins magnifiques dans une ambiance romantique.
C'est la « Venise » de la Chine : magnifiques jardins d'eau
entourés de pavillons à la chinoise, galeries sculptées, petits
ponts, sculptures de pierre et multitude d'arbres et de fleurs.
De labyrinthe en labyrinthe on a le sentiment de revenir
dans le passé. L'endroit idéal pour remonter le temps. En
soirée, une croisière illuminée sur les canaux : « attention à
la tête en passant sous les ponts ».

Nicole

BUDGET DU JOUR-15	PRÉVUS	PAYÉS
Coûts détaillés dans le « programme d'activités » du JOUR-15	1 095元	....
Autres _____	90元	_____
Total pour 2 personnes	**1 185元**	....

VOTRE CARNET DE VOYAGE

Suzhou centre 苏州中心

0 ━━━━━━━━━ 1km

N

Gare ferroviaire

Gare du Nord

Chezhan Lu 车站路 车站路

气车 北站

①

外事 陆游 车船 公司 码头

Dongbei Jie

② Temple du Nord

北寺塔

Renmin Lu 人民路

Pingjiang

祥麦路

如家酒店，
人民路,246

Home Inn

Guanqian Jie

Wuzhou Lu

Ganjiang Lu

Shiquan Jie 十全 街

▸ Sac à dos balade ; provisions pour le pique-nique à Tongli,
surplus d'eau et de fruits secs

PROGRAMME D'ACTIVITÉS

COÛT /
2 PERS.

En avant-midi : Croisière sur le Grand Canal, le plus long au monde (1800 km de Beijing à Hangzhou)

1 Une navette (prévue dans le forfait acheté la veille) pour le quai Foreign Travellers passe à l' 🏠 à ▽ 7h15. Départ à 8h00 pour une belle croisière de 2 heures et demie sur le Grand Canal. ▽ Acheter du guide une carte permettant de se balader seul dans Tongli. À Tongli, le guide remet les billets (compris dans le prix payé 148元 la veille) pour visiter les différents sites de Tongli ; il précisera ▽ l'heure (14h15) pour le retour à l'embarcadère.

🖩 5元

En après-midi : Tongli, authentique village aux maisons anciennes traversé de canaux

Durant la visite, s'attarder aux nombreux ponts et aux maisons anciennes. Pique-niquer sur le bord d'un canal. Prendre un tour de bateau, seuls ou presque, sur les canaux (romantique mais court, 15 minutes).

🖩 60元

En soirée : Dîner dans un resto de quartier populaire

2 De retour à Suzhou **1**, promenade 🚶 par la Renmin Lu Nord, un quartier fort intéressant pour la pagode du temple du Nord et ses sympathiques 🍴 (délicieux et on y est les seuls étrangers). Apporter son vin acheté à l'épicerie d'à côté. Retourner à l' 🏠 en taxi.

43元
19元
10元

COÛTS TOTAUX DES ACTIVITÉS DU JOUR-16   **137元**

QUELQUES EXPÉRIENCES

... en pique-nique sur le bord d'un canal de Tongli

... au temple du Nord de Suzhou

CARNET DE VOYAGE DES AUTEURS

Tongli, village de quiétude, charmant et pittoresque

Le village de Tongli, piétonnier et traversé de canaux, déborde de jardins enchanteurs avec des agencements de fleurs et de pierres, une architecture à la chinoise, et cela dans une atmosphère paisible et loin des bruits. Plusieurs ponts, tous différents les uns des autres, surplombent ses canaux. Pas de voiture, seules des barques y glissent doucement au fil de l'eau. Il n'est pas rare aussi de voir des cormorans juchés sur une embarcation. La randonnée sur le Grand Canal et la visite de Tongli ont constitué pour nous une expérience unique.

Guy

BUDGET DU JOUR-16	PRÉVUS	PAYÉS
Hôtel	200元	....
Coûts détaillés dans le « programme d'activités » du JOUR-16	137元	....
Autres _____	35元	....
Total pour 2 personnes	**372元**	....

VOTRE CARNET DE VOYAGE

Zhouzhuang 周庄

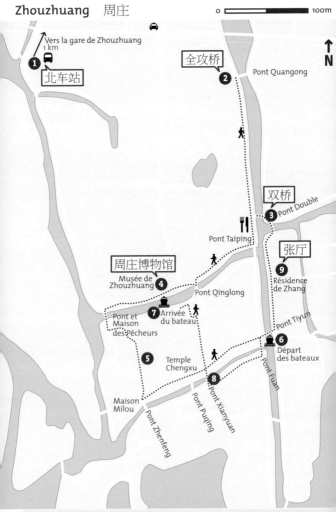

0 ————————— 100m

↑N

❶ 北车站

Vers la gare de Zhouzhuang
1 km

全攻桥
❷ Pont Quangong

双桥
❸ Pont Double

Pont Taiping

周庄博物馆
Musée de
Zhouzhuang ❹

Pont Qinglong

张厅
❾
Résidence
de Zhang

Pont Tiyun

❼ Arrivée
du bateau

Pont et
Maison
des Pêcheurs

❻ Départ
des bateaux

❺

Temple
Chengxu

Pont Fuan

Maison
Milou

❽ Pont Xianyuan

Pont Zhenfeng

Pont Puqing

LOGISTIQUE

▸ Sac à dos balade ; provisions pour le pique-nique à Zhouzhuang,
surplus d'eau et de fruits secs

ZHOUZHUANG, LIEU DU TOURNAGE DU FILM « ÉPOUSES ET CONCUBINES »

PROGRAMME D'ACTIVITÉS

COÛT /
2 PERS.

En avant-midi : Maisons datant des dynasties Yuan, Ming et Qing

De Suzhou, prendre un taxi pour se rendre à la gare du Nord (carte JOUR-16) où l'on se procure le forfait (aller-retour et droits de visite) pour Zhouzhuang.

10元
236元

1 À la gare routière de Zhouzhuang, négocier un cyclo-pousse pour se rendre... 　　🖩 5元

2 au pont Quangong, point de départ de la visite : suivre le parcours 🚶 proposé.

3 Au passage, découvrir le célèbre pont Double.

4 Se rendre 🚶 visiter le musée de Zhouzhuang.

5 Poursuivre 🚶 et visiter la maison des Pêcheurs, la maison Milou et le temple Chengxu tout en admirant ou franchissant les ponts des Pêcheurs, Zhenfeng, Puqing et Xianyuan. Pique-niquer sur le bord d'un des plans d'eau.

En après-midi : Promenade en bateau sur les canaux

6 Continuer 🚶 jusqu'aux ponts Tiyun et Fuan pour une balade en 🚣 à partager avec 2 ou 3 touristes chinois (négocier 80元 pour le groupe). 　　🖩 40元

7 À la descente du 🚣, reprendre le parcours...

8 pour aller franchir le pont Xianyuan et les ponts Tiyun et Fuan **6** et remonter vers le nord pour aller...

9 visiter la résidence de Zhang. Enfin, aller prendre une consommation au 2e étage du 🍴 offrant une magnifique vue sur le pont Double **3**. Retourner en 🚌 à la gare de 🚌 **1**. 🚫 Négocier le prix du taxi avant de monter et 🚫 dernier bus à 17h30.

30元

🖩 10元

En soirée : Dîner dans un resto de quartier populaire

Arrivée à la gare du Nord de Suzhou, reprendre 🚶 le parcours décrit au point **2** du JOUR-16.

72元

COÛTS TOTAUX DES ACTIVITÉS DU JOUR-16+　　**403元**

QUELQUES EXPÉRIENCES

... sur les canaux de Zhouzhuang   ... au resto du pont Double

CARNET DE VOYAGE DES AUTEURS

Zhouzhuang, patrimoine d'un peuple
Zhouzhuang est une ville d'eau interdite aux véhicules.
Classée au patrimoine mondial de l'humanité de l'Unesco,
elle fait partie aussi des « Venise » de la Chine. Jolie
et très touristique, elle est entourée de canaux et bordée de
maisons anciennes. On n'y circule qu'à pied ou en barque.
Les embarcations voguent sous de petits ponts de pierre entre
vieilles maisons et boutiques. Malgré son statut d'attraction
touristique, et à peine située à 90 minutes de Shanghai,
Zhouzhuang a gardé son charme d'antan. Aux abords de
ses ruelles et de ses jardins, on surprend quelques scènes de
vie quotidienne ; une vieille dame balayant son portique, une
mère préparant le repas, etc. Très belle journée !

Nicole

BUDGET DU JOUR-16+	PRÉVUS	PAYÉS
Hôtel	200元	....
Coûts détaillés dans le «programme d'activités» du JOUR-16+	403元	....
Autres _____	____	....
Total pour 2 personnes	**603元**	....

VOTRE CARNET DE VOYAGE

Shanghai centre 上海中心

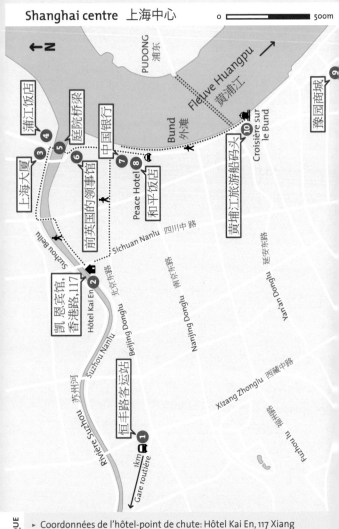

0 ▭▭▭ 500m

← N

PUDONG 浦东

Fleuve Huangpu 黄浦江

浦江饭店 ④

庭院桥梁 ⑤

中国银行 ⑦

Bund 外滩

豫园商城 ⑨

上海大厦 ③

⑥ 前英国的领事馆

Peace Hotel ⑧

和平饭店

黄埔江旅游船码头

Croisière sur le Bund ⑩

Sichuan Nanlu 四川中路

Suzhou Beilu

凯恩宾馆, 香港路,117

Hôtel Kai En ②

北京东路 Beijing Donglu

Nanjing Donglu 南京东路

Xizang Zhonglu 西藏中路

Yan'an Donglu 延安东路

Suzhou Nanlu

Rivière Suzhou 苏州河

苏州河 Suzhou

恒丰路客运站

Fuzhou lu 福州东路

1km ① Gare routière

LOGISTIQUE

► Coordonnées de l'hôtel-point de chute: Hôtel Kai En, 117 Xiang Gang Road, Shanghai, Tél.: (021) 6323-5451
► Sac à dos balade, provisions pour le pique-nique, un surplus d'eau et de fruits secs

DE SUZHOU (L'ANCIENNE CHINE) À SHANGHAI (LA NOUVELLE CHINE)

PROGRAMME D'ACTIVITÉS

COÛT / 2 PERS.

En avant-midi : Découverte du célèbre Bund, héritage des concessions commerciales européennes

Suzhou : ▽ lever tôt, fermer la chambre et ▽ récupérer le dépôt. Prendre un taxi jusqu'à la gare de bus du Nord (voir carte JOUR-16). Prendre l'autobus pour Shanghai (durée 2 h).

10元
60元

1 Arrivée à la gare routière 🚌 Henfeng Lu de Shanghai, prendre un taxi...

10元

2 jusqu'à l' 🏠 Kai En et s'y installer. Un dépôt de 120元 est exigé. ▽ Faire ses provisions pour les prochains jours dans une épicerie avoisinante.

280元
108元

3 Promenade 🚶 le long de la rivière Suzhou. Admirer le Broadway Mansions de l'extérieur puis...

4 entrer dans le hall de l'historique Pujiang Hotel.

5 Franchir le pont du Jardin pour aller...

6 pique-niquer sur le bord du Huangpu en face de l'ancien consulat britannique.

7 Aller au ATM de l'imposante Bank of China (sug. 2000元).

8 Monter au toit du Peace Hotel (vue grandiose du Bund).

0元

En après-midi : Beau jardin et bazar du Mandarin Yu

9 Prendre un 🚗 jusqu'au jardin et bazar du Yuyuan. Visiter le très beau jardin (durée 1h30). Lèche-vitrine dans les boutiques entourant la place. Prendre une bouchée dans un casse-croûte du bazar. Retourner en taxi...

12元
80元
40元
12元

En soirée : Croisière illuminée sur le Huangpu

10 sur le Bund 🛳 (Quai des croisières). ▽ S'assurer d'être à l'embarcadère au coucher du soleil pour le départ en croisière sur le Huangpu (durée 1 heure). Revenir 🚶 à l' 🏠 **2** par les quais très animés du Bund et par la rue Beijing.

140元

COÛTS TOTAUX DES ACTIVITÉS DU JOUR-17   **752元**

QUELQUES EXPÉRIENCES

... sur la terrasse du Peace Hotel

... dans le jardin du Mandarin Yu

CARNET DE VOYAGE DES AUTEURS

Shanghai, mon regard sur le passé

Se promener dans les vieux quartiers et sur le Bund, c'est effectuer un brusque retour à la fin du XIX e siècle. Une promenade dans le méandre de ses rues où pendent vêtements et lanternes bercés par le vent. On se rend au jardin et au bazar du Yuyuan. On y flâne au milieu de toutes sortes de denrées alimentaires qui me sont inconnues. Notre visite au jardin du Yuyuan fut pour nous exceptionnelle, bien qu'on en avait déjà vu d'autres. Enfin, nous avons effectué la très célèbre croisière sur le Huangpu. Belle occasion de laisser mon imagination vagabonder dans le passé tout en regardant avec les yeux du présent.

Guy

BUDGET DU JOUR-17	PRÉVUS	PAYÉS
Coûts détaillés dans le « programme d'activités » du JOUR-17	752元	....
Autres _____	_____	_____
Total pour 2 personnes	**752元**	_____

VOTRE CARNET DE VOYAGE

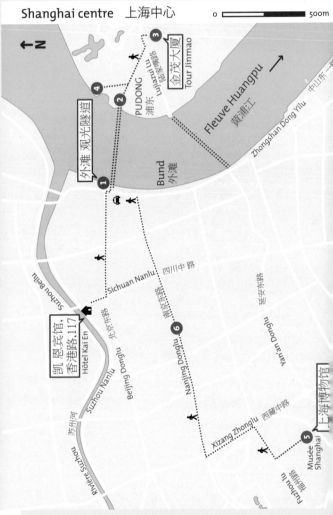

Shanghai centre 上海中心

0 ▭▭▭ 500m

←N

③ 金茂大厦 Tour Jinmao

外滩 观光 隧道

④
②
PUDONG 浦东
Lujiazui lu 陆家嘴路

Fleuve Huangpu 黄浦江

中山东一路

Zhongshan Dong Yilu

① Bund 外滩

Sichuan Nanlu 四川中路

Suzhou Beilu

凯恩宾馆，香港路，117 Hôtel Kai En

苏州河 Rivière Suzhou

Suzhou Nanlu

Beijing Donglu 北京东路

Nanjing Donglu 南京东路

⑥

Xizang Zhonglu 西藏中路

Yan'an Donglu 延安东路

⑤ 上海博物馆 Musée Shanghai

Fuzhou lu 福州路

LOGISTIQUE

▸ Sac à dos balade et provisions pour pique-nique

PROGRAMME D'ACTIVITÉS

COÛT / 2 PERS.

En avant-midi : Quartier Pudong aux gratte-ciel de verre

1 Se rendre 🚶 au tunnel touristique du Bund éclairé par des lasers et prendre le forfait comprenant l'aller-retour et la visite des musées (prévoir 1 heure). — 130元

2 Sortir pour voir l'urbanisme galopant de Pudong.

3 Promenade 🚶 jusqu'à la tour Jinmao, l'immeuble le plus haut de Chine (420,5 m). Prendre l'ascenseur pour admirer Shanghai et le hall immense de l'hôtel Grand Hyatt (le plus haut du monde, 23 étages). — 100元

4 Aller 🚶 pique-niquer sur les bords du Huangpu. Reprendre le tunnel **2** pour revenir au Bund **1** et de là, prendre un 🚗 ... — 11元

En après-midi : Musée de Shanghai, l'une des plus fabuleuses collections d'art chinois

5 jusqu'au musée de Shanghai. ⚠ Louer un audio guide (40元). Fermeture à 17h00 (trop court). — 40元 / 40元

En soirée : Nanjing Donglu, aux milliers de néons

6 Revenir 🚶 par Xizang Zhonglu jusqu'à Nanjing Donglu, rue constamment animée. La parcourir 🚶 sur toute sa longueur tout en faisant du lèche-vitrine. Dîner dans un de ses nombreux restaurants. Rentrer 🚶 à l'🏠 par le Bund et la rue Beijing. — 100元

COÛTS TOTAUX DES ACTIVITÉS DU JOUR-18   421元

QUELQUES EXPÉRIENCES

... dans le plus haut édifice
de Chine

... sur Nanjing Donglu illuminée

CARNET DE VOYAGE DES AUTEURS

Shanghai, mon regard sur le futur

Shanghai, tout occidentale qu'elle soit, fascine par ses gratte-ciel modernes. Sur la rive opposée du Bund, Pudong est un quartier d'affaires où tours et édifices poussent comme des champignons. Les quartiers modernes de Shanghai fourmillent de passants en costume et cravate et de vendeurs et marchands de rue traditionnels. On est toujours surpris devant ces contrastes hallucinants, des contrastes entre modernisme et traditions. C'est la ville des extrêmes mais avec une âme. Dans les faits, c'est un « Manhattan » en plus gros.

Guy

BUDGET DU JOUR-18	PRÉVUS	PAYÉS
Hôtel	280元	....
Coûts détaillés dans le « programme	421元	....
d'activités » du JOUR-18		....
Autres _____	25元	_____
Total pour 2 personnes	**726元**	....

VOTRE CARNET DE VOYAGE

Shanghai centre 上海中心

0 ▭▭▭▭▭ 400m

▸ Sac à dos balade

PROGRAMME D'ACTIVITÉS

COÛT /
2 PERS.

En avant-midi : Ancienne concession française et ses villas

1 Fermer la chambre. ⚠️ Négocier pour mettre ses bagages à la consigne de l' 🏠 .   🖩 10元

2 Aller prendre 🚶 le métro à la station Henan Zhonglu.   8元

3 Changer de ligne à la station Parc Renmin...

4 jusqu'à la station Shaanxi Nanlu pour la visite 🚶 de l'ancienne concession française.

5 Se laisser tenter dans le marché Xiangyang.

6 Remonter 🚶 Nanchang Lu en découvrant le style colonial français des résidences et des immeubles.

7 S'arrêter pour visiter la résidence de Sun Yat-sen, le père de la Chine moderne (prévoir 30 minutes).   20元

En après-midi : À l'aéroport en Mag Lev, le train le plus rapide au monde (430km/h)

8 Se rendre au parc Fuxing pour pique-niquer. Aller 🚶 à la rue Huaihai prendre un 🚗 pour retourner à l' 🏠❶. Récupérer les bagages. ⚠️ Planifier pour arriver à l'aéroport au moins 3 heures avant le départ.   15元

9 De l' 🏠, appeler un taxi pour se rendre au terminus du Mag Lev qui transporte les passagers en 8 min à l'aéroport international de Pudong (départ aux 20 min).   25元 150元

Formalités d'aéroport et des douanes

COÛTS TOTAUX DES ACTIVITÉS DU JOUR-19   **228元**

QUELQUES EXPÉRIENCES

... devant la résidence
de Sun Yat-sen

... en Mag Lev, le train le plus
rapide au monde (430km/h)

CARNET DE VOYAGE DES AUTEURS

Shanghai, mon dernier regard

La visite de l'ancienne concession française est l'occasion de jeter un dernier regard sur Shanghai. Les dernières images de cette ville qui défilent dans ma tête sont celles d'une mégapole ...bruyante et besogneuse ...futuriste avec son Mag Lev qui vous projette dans l'espace temps ...moderne avec ses gratte-ciel qui ne cessent de se multiplier ...traditionnelle avec son ancienne concession française ...surprenante à la vue de ses citoyens pratiquant leur Tai Chi matinal en plein air ...spirituelle par l'odeur des encens flottant ici et là.

Chine on ne t'oubliera pas ... on reviendra te voir !

Nicole

BUDGET DU JOUR-19	PRÉVUS	PAYÉS
Coûts détaillés dans le « programme d'activités » du JOUR-19	228元	....
		....
Autres _____	25元	_____
Total pour 2 personnes	**253元**	....

VOTRE CARNET DE VOYAGE

CARNET DE VOYAGE DES AUTEURS

Retour à la maison, ma pensée

Vivre une expérience de voyage c'est extraordinaire en soi mais en vivre une en Chine, c'est absolument marquant. On est en adaptation constante avec différentes situations, avec différents modes de vie et de pensée. On ne s'arrête pas là car on veut concrétiser de nouveaux parcours, réaliser d'autres rêves et d'autres défis. On prend conscience que la vie n'est plus la même car ces expériences vécues donnent de nouveaux sens à la vie.

Nicole

VOTRE CARNET DE VOYAGE

....

....

....

....

....

....

....

....

....

....

....

....

....

....

....

BON RETOUR À LA MAISON ❯

RÉFLEXES SANTÉ AU QUOTIDIEN

Partez en santé et avec une assurance voyage adéquate. Consultez une clinique voyage où on vous indiquera les vaccins nécessaires. De plus et surtout consultez votre médecin : il vous fournira les ordonnances et le nom générique des médicaments à apporter en quantité suffisante. Établissez en page 2 la liste de ces médicaments.

Notre façon de faire ... et cela vaut peut-être pour vous :

- Au jour le jour : se rappeler que la santé est dans ce que l'on boit et dans ce que l'on mange.
- Toujours se laver les mains avec un savon antiseptique avant de prendre un repas... et même pour avaler une simple croustille.
- Ne jamais boire l'eau du robinet (y compris en glaçon). Ne jamais boire un breuvage décapsulé hors de votre vue. N'utiliser que de l'eau en bouteille scellée (même pour se brosser les dents). Toujours garder une provision adéquate d'eau embouteillée.
- Manger les succulents mets locaux toujours fraîchement bien cuits ; demander même qu'ils soient préparés sous nos yeux quand on mange sur la rue.
- Se reposer : le système immunitaire ne s'en portera que mieux.
- Protéger sa peau avec un écran solaire (30 FSP), porter un chapeau voire un parapluie servant de parasol, comme le font bien des Chinoises.
- Se prémunir des piqûres de moustiques (surtout au lever et au coucher du soleil) en portant des vêtements longs et en utilisant un chasse-moustiques. À l'hôtel, brancher un diffuseur anti-moustiques dans la chambre, utiliser la raquette électrocutante à l'arrière des rideaux où se logent les moustiques. Et, à la campagne, installer le filet pré-imprégné d'insecticide apporté dans les bagages. (Voir photo de la page de droite).

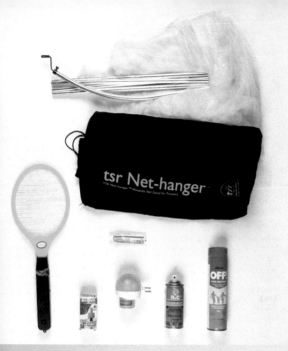

La Chine est sûre mais les petites délinquances s'y propagent (ex.: pickpocket).

Notre façon de faire ... et cela vaut peut-être pour vous :

- Au jour le jour : dire non au marché noir ou à toute offre non officielle.
- Porter sur soi en poche avant (pas dans un sac en bandoulière ni dans un sac à dos) l'argent comptant (pas de porte-monnaie) sans mélanger les petites et grosses coupures de façon à ne pas sortir trop d'argent pour régler une petite somme. Payer tout comptant. Pour les montants importants (ex.: frais d'hôtel) demander un reçu.
- Garder à portée de main une photocopie des passeports et des visas ainsi qu'une carte d'affaires de l'hôtel indiquant les coordonnées en chinois.
- Porter sur soi dans une poche intérieure ou dans une ceinture pochette camouflée sous la chemise (voir photo de la page de droite) passeports (ne jamais s'en séparer), cartes de crédit, cartes débit (aller au ATM de préférence de jour), chèques de voyage ou gros billets \$US/€ (bien utiles quand on ne trouve pas de ATM).
- Dans la chambre ne laisser rien de valeur et verrouiller porte et bagages. Placer, le plus haut possible, le détecteur de fumée apporté dans les bagages et repérer la sortie de secours.
- Ne conduire ni moto ni voiture (au besoin, louer une voiture mais avec chauffeur). Et prudence quand on se déplace à vélo.

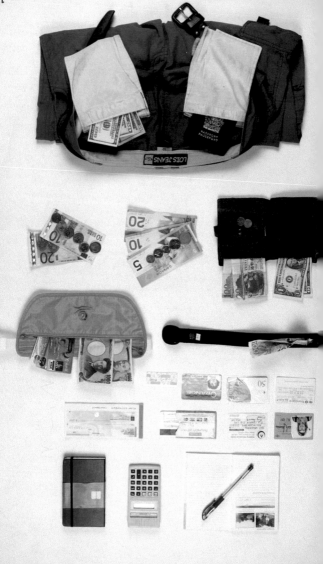

NOM	ADRESSE	TÉLÉPHONE
CYNTHIA ? sexymomy 22@msn.com -		

GARDER CONTACT